Coleção Vértice
50

O ROSÁRIO DE NOSSA SENHORA

BÁRTOLO LONGO

O ROSÁRIO DE NOSSA SENHORA
Meditações para cada mistério

Introdução, seleção de textos para os
«mistérios luminosos», notas e apêndice
Luiz Fernando Cintra

2ª edição

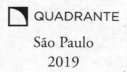

São Paulo
2019

Título original
I quindici sabati del Santo Rosario

Copyright © 2003 Quadrante Editora

Capa
Camila Lavôr

Ilustração da capa
A Virgem do Rosário (ca. 1675-1680), Bartolomé Esteban Murillo (1617-1682), Dulwich Picture Gallery, Londres.

Tradução
Henrique Elfes

Dados Internacionais de Catalogação na Publicação (CIP)
(Câmara Brasileira do Livro, SP, Brasil)

Longo, Bártolo, 1841-1926
  O Rosário de Nossa Senhora: meditações para cada mistério / Bártolo Longo; introdução, seleção de textos para os «mistérios luminosos», notas e apêndice de Luiz Fernando Cintra; tradução de Henrique Elfes – 2ª edição – São Paulo : Quadrante, 2019.

  Título original: I quindici sabati del Santo Rosario.
  ISBN: 978-65-89820-27-7

  1. Maria, Virgem, Santa – Culto 2. Mistérios do Rosário – Meditações I. Cintra, Luiz Fernando. II. Título.

19-25645   CDD-242.74

Índice para catálogo sistemático:
1. Rosário : Meditações : Orações : Cristianismo 242.74

Cibele Maria Dias - Bibliotecária - CRB-8/9427

Todos os direitos reservados a
QUADRANTE EDITORA
Rua Bernardo da Veiga, 47 - Tel.: 3873-2270
CEP 01252-020 - São Paulo - SP
www.quadrante.com.br / atendimento@quadrante.com.br

Sumário

INTRODUÇÃO 7
   Breve história do Rosário 9
   O Rosário e a vida cristã 12
      Crise? 12
      Oração para todos 14
      Contemplação 16
      Compêndio do Evangelho 18
      Devoção cristológica 19
      Petição através de Maria 21
      A paz e a família 23
      Oração final 24

MISTÉRIOS DA ALEGRIA 27
   A Anunciação do Senhor 27
   A Visitação de Maria Santíssima 33
   A Natividade de Jesus Cristo 38
   A Apresentação de Jesus no Templo 44
   Jesus reencontrado no Templo 50

MISTÉRIOS DA LUZ 57
   O Batismo de Jesus Cristo 57
   A autorrevelação de Cristo nas Bodas de Caná 64
   Anúncio do Reino de Deus, convidando à conversão 71
   A Transfiguração 78
   A instituição da Eucaristia 84

MISTÉRIOS DA DOR 91
    Jesus ora no Horto e sua sangue 91
    A flagelação de Jesus 98
    Jesus coroado de espinhos 105
    Jesus, condenado à morte, leva sobre os ombros a sua cruz 111
    Crucifixão e morte de Jesus 119

MISTÉRIOS DA GLÓRIA 129
    A Ressurreição de Jesus 129
    A Ascensão de Jesus ao céu 137
    A vinda do Espírito Santo 144
    A Assunção de Maria ao céu 151
    A Coroação de Maria Santíssima e a glória de todos os santos 158

APÊNDICE: COMO REZAR O TERÇO 167

Introdução

«Papa muda o terço depois de quinhentos anos». «Papa renova o terço depois de séculos». «João Paulo II altera modo de rezar o terço». Estas e outras manchetes – mais ou menos exatas – encabeçaram as páginas de jornais de todo o mundo quando o Papa João Paulo II publicou, no dia 16 de outubro de 2002, a sua Carta Apostólica *Rosarium Virginis Mariae*[1] sobre o Santo Rosário, em que incluía a possibilidade de rezar novos mistérios e estimulava uma renovação dessa tradicionalíssima devoção mariana.

Nessa Carta, citava seis vezes um nome – Bártolo Longo, talvez pouco conhecido fora da Itália – como um grande devoto de Nossa Senhora e promotor do Rosário. Em não poucos surgiu a curiosidade: Quem é esse Bem-aventurado para que o Papa o cite com tanta insistência? Que terá feito? Que terá escrito?

---

(1) Daqui por diante, as referências a essa Carta apostólica serão indicadas apenas pelo número do parágrafo entre parênteses.

Com relação à vida do Bem-aventurado Bártolo, convém saber que viveu no século XIX; educado numa família de princípios cristãos, perdeu a fé na juventude e, com a ajuda de um professor, recuperou-a na Universidade. Formou-se em Direito e começou a dedicar-se a obras de caridade; em outubro de 1872, dirigiu-se à cidade de Pompeia, onde estavam em andamento as escavações das antigas ruínas.

Como diz o Papa João Paulo II na sua Carta Apostólica, o Bem-aventurado Bártolo «teve um carisma especial como verdadeiro apóstolo do Rosário. O seu caminho de santidade assenta numa inspiração ouvida no fundo do coração: "Quem difunde o Rosário, salva-se!"» (n. 8). Em Pompeia, Bártolo sentiu-se chamado a construir um santuário dedicado a Nossa Senhora do Rosário no cenário dos restos da antiga cidade, que ainda estava pouco tocada pelo anúncio cristão quando foi sepultada, no ano de 79, pela erupção do Vesúvio. A imagem para essa igreja, que recebeu por doação, era simples e estava bastante danificada, mas ele mandou restaurá-la e a expôs à veneração dos fiéis no dia 13 de fevereiro de 1876; em breve, atribuíam-se a ela inúmeros milagres.

Ao mesmo tempo, Bártolo Longo deu início a uma extensa atividade entre os trabalhadores da região, na época bastante afastados da fé e desprovidos de meios de catequese. Em 1884, fundou um periódico chamado *O Rosário e a nova Pompeia*, para o qual montou uma tipografia em que empregou as crianças pobres da cidade. Criou um orfanato para os filhos e depois para as filhas dos encarcerados, e para a formação destas fundou a congregação das Filhas do Santo Rosário da Ordem Terceira Dominicana.

«Em todas as suas obras e, de modo particular, através da devoção dos "Quinze sábados", Bártolo Longo desenvolveu a alma cristológica e contemplativa do Rosário, encontrando particular estímulo e apoio em Leão XIII, o "Papa do Rosário"», afirma o Santo Padre na sua recente Carta (n. 8). Ao lermos, reunidas neste caderno, as meditações que escreveu sobre os quinze mistérios do Rosário, núcleo central da devoção dos Quinze Sábados, propostas por ele como meio prático de crescer na contemplação da vida de Jesus e de Maria, percebemos com clareza a sua profunda piedade e devoção, sinal da autêntica santidade.

Breve história do rosário

É difícil dizer quando começa a história do Rosário, pois foi nascendo como algo natural e espontâneo no povo cristão. Na Idade Média, faz-se referência à Virgem Maria com o título de «Rosa». Num manuscrito medieval francês lê-se, por exemplo: «Quando a bela rosa Maria começa a florescer, o inverno das nossas tubulações se desvanece e começa a brilhar o verão da eterna alegria». As imagens de Nossa Senhora são adornadas com uma coroa de rosas, e nos hinos cantados em sua homenagem é designada como um «jardim de rosas» (em latim medieval, *rosarium*).

Nessa época, nasceu o costume de rezar cento e cinquenta Ave-Marias em substituição dos cento e cinquenta Salmos do Ofício divino. Para contá-las, utilizavam-se grãos enfileirados num barbante, em grupos de dez, ou nós feitos numa corda. Ao mesmo tempo, meditava-se e pregava-se a vida da Virgem Maria.

Embora haja diferentes opiniões sobre o modo como o Rosário se formou gradualmente, não há dúvida de que São Domingos (1170-1221) foi o homem que, no seu tempo, mais contribuiu para essa formação, não sem a inspiração da própria Santíssima Virgem. Esta oração foi a grande arma de que o santo se valeu para combater a heresia albigense: na sua pregação, narrava os mistérios evangélicos e depois recitava com os ouvintes as Ave-Marias.

Por volta de fins do século XV, os dominicanos de Flandres e de Colônia deram ao Rosário uma estrutura similar à que se passou a utilizar daí por diante: rezavam cinco ou quinze mistérios, cada um composto de dez Ave-Marias. A Ave-Maria, recomendada desde antes do século XII pelos Concílios numa versão mais breve do que a que conhecemos, adquire então a sua forma definitiva, com o acréscimo da petição de uma boa morte: «rogai por nós, pecadores, agora e na hora da nossa morte». Por essa época, ganha forma também a contemplação dos mistérios, divididos em gozosos, dolorosos e gloriosos, procurando-se assim repassar semanalmente os fatos centrais da vida de Jesus e de Maria, como um resumo do Evangelho. Em último lugar, acrescenta-se a ladainha, cuja origem na Igreja é independente e muito antiga.

A partir de então, o Rosário estende-se graças às aprovações pontifícias e à difusão das Confrarias do Santo Rosário. O Papa São Pio V atribuiu a vitória da batalha de Lepanto contra os turcos, a 7 de outubro de 1571, à intercessão de Nossa Senhora por meio do Rosário. Com o tempo, vir-se-ia a celebrar a festa de Nossa Senhora do Rosário nesse dia 7 de outubro.

Houve um notável impulso dessa devoção em tempos de Leão XIII, chamado, como vimos, «o Papa do Rosário». Todos os Pontífices dos últimos séculos promoveram aquela que é provavelmente a devoção mais praticada pelos fiéis católicos. Nos últimos tempos, contribuíram de maneira especial para a propagação dessa devoção mariana as aparições de Lourdes e Fátima. Aos três pastorzinhos de Fátima, Nossa Senhora pedia expressamente: «Rezem o Rosário».

Neste caderno, apresentamos, numa linguagem adaptada num ponto ou noutro à mentalidade atual, as meditações do Bem-aventurado Bártolo Longo sobre os quinze mistérios tradicionais do Santo Rosário, para ajudar o leitor a contemplar o significado de cada mistério da vida de Cristo e da Virgem, como recomenda o Santo Padre. Faltavam, porém, as novas cenas sugeridas pelo Papa, os *Mistérios da luz*, isto é, os mistérios que dizem respeito à vida pública de Cristo, desde o batismo do Senhor nas águas do Jordão até a instituição da Eucaristia, horas antes de se iniciarem os mistérios dolorosos da Paixão e Morte do Senhor. Para compor as reflexões acerca destas novas cenas, fomos buscar apoio em textos de autores clássicos e outros atuais que, ainda que em estilo diferente, seguissem uma linha semelhante à do Bem-aventurado, de modo que o leitor pudesse contemplar o Rosário completo.

O Rosário e a vida cristã

Na sua Carta apostólica, o Santo Padre João Paulo II mostra a intensidade de tesouros que contém em si essa oração tão tradicional na Igreja. Riquezas para o desenvolvimento da vida cristã, para o aprofundamento no conhecimento de Cristo, para a revitalização da Igreja e da sociedade em geral. Por isso, quis o Papa comemorar os seus vinte e cinco anos de pontificado estabelecendo um *Ano do Rosário*, de outubro de 2002 a outubro de 2003.

Considerar esta Carta nos seus pontos principais pode ser um ótimo meio de incluirmos ou revitalizarmos essa devoção na nossa vida, e de sermos, também nós, propagadores do amor a Maria.

Crise?

O Rosário atravessa uma crise? O Papa fala de «uma certa crise desta oração» (n. 4), referindo-se a uma compreensão errônea por parte de alguns, que os leva a considerar o Rosário uma devoção própria de épocas passadas. Daí a revitalização que João Paulo II procura fomentar, criando novos mistérios e propondo este ano do Rosário.

Se o Rosário está realmente em crise, talvez seja porque está em crise o amor, que é o mais terrível tipo de crise do coração humano e da sociedade. Justamente por isso impõe-se um esforço de renovação, pois o Rosário é – digamos assim – uma «grande canção de amor».

Uma das maiores resistências que alguns experimentam diante desta oração mariana é a repetitividade das Ave-Marias. «Considerando superficialmente uma tal repetição, pode-se ser tentado a ver o Rosário como uma prática árida e aborrecida. Chega-se, porém, a uma ideia muito diferente quando se considera o terço como expressão daquele amor que não se cansa de voltar à pessoa amada com efusões que, apesar de semelhantes na sua manifestação, são sempre novas pelo sentimento que as permeia [...]. Para entender o Rosário, é preciso entrar na dinâmica psicológica do amor» (n. 26).

Não dizem as canções de amor sempre a mesma coisa? Isso é mau, por acaso? Os namorados não repetem sempre as mesmas frases: «eu te amo», «eu te adoro», «você é o meu amor»? Com Maria Santíssima e com Jesus Cristo não há de ser diferente.

Para quem ama, a repetição das Ave-Marias no Rosário não é vazia nem monótona. Para os que ainda não amam devidamente, essa repetição pode ser um bom caminho para aprenderem a amar. João Paulo II não se recata em mostrar a sua preferência: «O Rosário é a minha oração predileta. Oração maravilhosa! Maravilhosa na simplicidade e na profundidade» (n. 2).

Para confirmar esta realidade, basta pensar que é «oração amada por numerosos santos» (n. 1), que são os campeões no amor. O Bem-aventurado Bártolo Longo tomou-o como ponto principal da sua missão e esteio da sua piedade. São Luís Maria Grignion de Montfort sustentava que é «o método mais fácil de meditação» e «a mais difícil das orações vocais». São Josemaria Escrivá chamava-lhe «arma poderosa para vencer na luta interior e para ajudar todas as almas»[2].

Mesmo para os santos, essa oração tão simples era um desafio. É o que relata com tanta espontaneidade Santa Teresa de Lisieux: «Sozinha (envergonho-me de confessá-lo), a recitação do terço custa-me mais do que servir-me de um instrumento de penitência... Sinto que o rezo tão mal! Esforço-me em vão por meditar os mistérios do Rosário, não consigo fixar o meu espírito... Fiquei durante muito tempo desolada com esta falta de devoção que me espantava, pois *amo tanto a Santíssima Virgem* que me deveria ser fácil recitar em sua honra as orações que lhe são agradáveis. Agora, desconsolo-me menos, penso que a Rainha dos Céus, sendo minha Mãe, deve ver a minha boa vontade e contentar-se com isso»[3]. Que consoladoras são estas palavras para tantos que, embora desejando ser bons filhos de Nossa Senhora, notam que ainda teriam tanto a crescer nessa oração!

Oração para todos

A variedade de santos canonizados e de almas santas que testemunham a favor do Rosário mostra a riqueza dessa oração, que «tem não só a simplicidade de uma oração popular, mas também a profundidade teológica de uma oração adaptada a quem sente a exigência de

---

(2) Josemaria Escrivá, *Santo Rosário*, 5ª ed., Quadrante, São Paulo, 2018, Introdução.
(3) *História de uma alma*, man. B., fol. 25.

uma contemplação mais madura» (n. 39). Pode ser rezado por milhares de pessoas numa catedral, no doce aconchego do lar, ou por um sacerdote sozinho no silêncio do confessionário. Reza-o a bisavó analfabeta num casebre no sertão, o bispo na sua residência episcopal, o estudante num vagão de trem do Metrô, o doente no hospital, a enfermeira e o médico cristão. Os próprios jovens são «capazes de surpreender uma vez mais os adultos, assumindo esta oração e recitando-a com o entusiasmo típico da sua idade» (n. 42).

Se a alguém o terço poderia parecer uma oração para pessoas sem instrução, valha aquele conselho de São Josemaria Escrivá: «Para os que empregam como arma a inteligência e o estudo, o terço é eficacíssimo. Porque, ao implorarem assim a Nossa Senhora, essa aparente monotonia de crianças com sua Mãe vai destruindo neles todo o germe de vanglória e de orgulho»[4]. E mais uma razão de peso do Santo para os que nos sabemos pecadores: «bendita monotonia de ave-marias, que purifica a monotonia dos teus pecados!»[5].

Por outro lado, como ressalta o Santo Padre, «longe de constituir uma fuga dos problemas do mundo, o Rosário leva-nos a vê-los com olhar responsável e generoso, e alcança-nos a força de enfrentá-los com a certeza da ajuda de Deus» (n. 40). Em tantas coisas em que, à primeira olhada, nos pareceria que não podemos fazer nada, o Rosário é como uma «arma» que permite entrar na batalha como bons soldados de Cristo.

---

(4) Josemaria Escrivá, *Sulco*, 4ª ed., Quadrante, São Paulo, 2016, n. 474.
(5) *Idem*, n. 475.

É, sem dúvida, uma oração «destinada a produzir frutos de santidade» (n. 1) nos cristãos individualmente e em toda a Igreja. Por isso vale a pena repassar as contas do terço uma e outra vez, e sempre. Conta-se que Santa Bernadette Soubirous, depois de ter tido o privilégio de ver Nossa Senhora nas aparições de Lourdes, procurava viver uma vida normal. Mas as pessoas que conviviam com ela gostavam de ter um objeto que ela tivesse tocado. Um dia, uma amiga sua, querendo que ela tocasse o seu terço mas não encontrando nenhum motivo plausível, disse-lhe: «Veja como o meu rosário está enferrujado», enquanto lho estendia. Ao que Bernadette respondeu, bem-humorada: «Minha boa amiga, recite-o mais vezes e ele não enferrujará»… E não o tocou.

O conselho vale para todos nós. Recitemos o terço mais vezes e o nosso amor não enferrujará.

Contemplação

O Rosário «é uma oração marcadamente contemplativa. Privado desta dimensão, perderia o sentido, como sublinhava Paulo VI: "Sem contemplação, o Rosário é um corpo sem alma e a sua recitação corre o perigo de se tornar uma repetição mecânica de fórmulas [...]. Requer um ritmo tranquilo e uma certa demora em pensar, que favoreçam, naquele que ora, a meditação dos mistérios da vida do Senhor"» (n. 12).

A contemplação pede serenidade. É assim que a mãe contempla calmamente o seu filhinho que dorme; que o artista contempla durante um longo tempo uma obra de arte numa exposição; que o músico contempla uma bela canção. O terço pode ter exatamente esta função: conferir o «ritmo», o «tempo», o «compasso» de contemplação que é tão necessário numa época corrida como a que vivemos.

Para não poucos, tentar interromper a agitação da vida moderna repentinamente e pôr-se a refletir não é tarefa nada fácil. A imaginação agita-se amalucadamente, a memória traz mil eventos ou imagens, e não deixa o mundo interior serenar. E a pessoa sente-se tentada a abandonar o seu esforço de concentração e de recolhimento do coração junto de Deus. Mas a oração serena do terço pode ajudar justamente a prender o mundo interior à volta de uma oração repetitiva, deixando espaço para que a alma se aconchegue junto do Senhor. A memória fica levemente entretida na oração vocal, a imaginação não se sente solta e perdida ao considerar os mistérios que estão sendo rezados, e o coração encontra-se livre para entabular um diálogo sereno com Deus sobre tantas e tantas coisas de que gostaria de falar, mas para as quais parecia não haver ocasião.

Por isso, o Rosário é «um método para contemplar» (n. 28). Não o único método, já que há muitos e muito bons. Mas um método útil e comprovado por tantas e tantas almas. Aproveitar os textos do Bem-aventurado Bártolo Longo sobre os mistérios do Rosário pode ser para nós uma excelente oportunidade de nos introduzirmos nessa contemplação, a fim de – conduzidos por boas mãos – chegarmos por Maria a Jesus Cristo.

Compêndio do Evangelho

Quando a televisão anuncia como chamada para o próximo bloco: «Logo após os comerciais, não perca: finalmente solucionado o mistério de...», fica em nós uma ponta de curiosidade sobre o tal mistério: «Que será?» Talvez nos esclareçam então quem foi o autor daquele antigo crime, ou que o tão falado OVNI não era mais do que um balão meteorológico, ou que finalmente saiu a escalação da seleção nacional. O conceito de «mistério» tem hoje uma carga de sensacionalismo, de manchete jornalística, mas nem sempre foi assim. A palavra grega «mistério» está ligada originariamente às cerimônias religiosas dedicadas aos deuses. Como poucos eram os «iniciados» que sabiam dar amplas explicações sobre os complicados deuses gregos, havia sempre muito de desconhecimento, e um halo místico envolvia aquelas cerimônias.

O cristianismo assumiu a palavra aplicando-a às verdades da fé que não podem ser completamente compreendidas, por ultrapassarem a capacidade do ser humano: assim, por exemplo, o mistério da Santíssima Trindade. É no mesmo sentido que se aplica a palavra aos «mistérios da salvação», àquelas realidades que, dizendo respeito a Cristo e ao nosso destino eterno, nunca são perfeitamente compreendidas. «Cada passagem da vida de Cristo, como é narrada pelos Evangelistas, reflete aquele Mistério que supera todo o conhecimento (cf. Ef 3, 19). E o Mistério do Verbo feito carne, no qual "habita corporalmente toda a plenitude da divindade" (Col 2, 9). Por isso, o Catecismo da Igreja Católica insiste tanto nos mistérios de Cristo, lembrando que "tudo na vida de Jesus é sinal do seu Mistério" (n. 515)» (n. 24).

É ainda neste sentido que se utiliza a palavra «mistérios» do Rosário. Trata-se de passar «diante dos olhos da alma os principais episódios da vida de Jesus Cristo» (n. 2), a fim de compreender mais a fundo o seu significado para a nossa vida interior e a nossa relação com Deus. É uma forma de repassar constantemente os acontecimentos que se deram na passagem de Deus entre os homens e que guardam em si os elementos essenciais para a vida cristã.

Os diversos ciclos de mistérios criados pela tradição cristã – Gozosos, Dolorosos, Gloriosos e, agora, Luminosos – «não são certamente exaustivos, mas apelam para o essencial, introduzindo o espírito no gosto de um conhecimento de Cristo que brota continuamente da fonte límpida do texto evangélico» (n. 24).

Devoção cristológica

Devoção tipicamente mariana, o Rosário é, sem dúvida, uma devoção muito cristológica, porque não se pode separar Maria do seu Filho, Jesus. «É o caminho de uma devoção mariana animada pela certeza da relação indivisível que liga Cristo à sua Mãe Santíssima: os mistérios de Cristo são também, de certo modo, os mistérios da Mãe, mesmo quando não está diretamente envolvida, pelo fato de Ela viver dEle e para Ele» (n. 24).

Na bela expressão de João Paulo II, «recitar o Rosário nada mais é senão contemplar com Maria o rosto de

Cristo» (n. 3). A atitude contemplativa, em que tanto insiste o Santo Padre, é contemplação do rosto de Cristo. Mas quem nos poderia ensinar melhor a contemplá-lo do que a sua Mãe? Ela nos irá desvendando os mistérios encerrados nessa contemplação. Porque «as recordações de Jesus estampadas na sua alma acompanharam-na em cada circunstância, levando-a a percorrer novamente com o pensamento os vários momentos da sua vida junto com o Filho. Foram estas recordações que constituíram, de certo modo, o "rosário" que Ela mesma recitou constantemente nos dias da sua vida terrena» (n. 11).

Por isso, «percorrer com Ela as cenas do Rosário é como frequentar a "escola" de Maria para "ler" Cristo, penetrar nos seus segredos, compreender a sua mensagem» (n. 14). Seria impossível encontrar melhor Mestra na matéria mais fundamental da nossa vida cristã. Porque Ela, mais do que ninguém, quer que meditemos nos mistérios da vida de Cristo.

Mas este conhecimento não se limita a um aprendizado teórico ou meramente externo. «No itinerário espiritual do Rosário, fundado na incessante contemplação – em companhia de Maria – do rosto de Cristo, este ideal exigente de configuração com Ele alcança-se através do trato, podemos dizer "amistoso"» (n. 15). Assim como a amizade íntima nos vai «assemelhando» ao amigo, assim a amizade com Cristo adquirida pela recitação do Rosário nos vai «configurando» com Ele. Tornamo-nos mais e mais semelhantes a Cristo, que é uma maneira sintética de dizer que nos vamos santificando.

Petição através de Maria

Não esqueçamos, porém, que «numerosos sinais demonstram quanto a Virgem Maria quer, também hoje, precisamente através desta oração, exercer aquele cuidado maternal ao qual o Redentor prestes a morrer confiou, na pessoa do discípulo predileto, todos os filhos da Igreja: "Mulher, eis aí o teu filho" (Jo 19, 26)» (n. 7). Ela nunca abandona essa tarefa definitiva que lhe foi confiada pelo seu Filho amado. Cuida de nós como Mãe carinhosa, atenta a todas as nossas necessidades e pedidos.

«Mediante o Rosário, o fiel alcança a graça em abundância, como se a recebesse das próprias mãos da Mãe do Redentor» (n. 1). Não percamos esta oportunidade, portanto, já que são muitas as nossas necessidades. Tanto pessoais, como familiares ou da sociedade em geral.

Dizia Nossa Senhora – falando como de uma terceira pessoa – nas aparições de Fátima: «Quero que [...] continuem a rezar o terço todos os dias, em honra de Nossa Senhora do Rosário, para obter a paz do mundo e o fim da guerra, porque só Ela lhes poderá valer»[6]. Para as grandes necessidades mundiais, Ela é a grande intercessora. Mas também para as pequenas dificuldades pessoais Ela se apresenta como a Mãe que se ocupa das «tolices» da criança como se fossem a coisa mais importante do mundo.

«A imploração insistente à Mãe de Deus apoia-se na confiança de que a sua materna intercessão tudo pode

---

(6) William Thomas Walsh, *Nossa Senhora de Fátima*, 2ª ed., Quadrante, São Paulo, 2017, pág. 113.

no coração do Filho. Ela é "onipotente por graça" como, com expressão audaz a ser bem entendida, dizia o Bem-aventurado Bártolo Longo na sua Súplica à Virgem» (n. 16). Esta expressão significa que, por graça e disposição divina, Deus concede tudo o que Ela pede. Sendo onipotente o seu Filho, Ela de certa forma o é também, pois alcança fruto para todos os seus pedidos.

Não devemos entender esse poder intercessor apenas quanto à concessão de graças para curas materiais ou para a solução de questões econômicas e materiais em geral. A intercessão de Maria é particularmente poderosa no que se refere às graças espirituais, pois mais importantes e necessárias do que as curas do corpo são as da alma. Assim, o Rosário é um importante instrumento de apostolado cristão. Por isso, João Paulo II diz que «o Rosário conserva toda a sua força e permanece um recurso não descurável na bagagem pastoral de todo o bom evangelizador» (n. 17). Será, portanto, a grande arma para alcançar a conversão à fé daquela pessoa da família que hoje se encontra distante; ou para conseguir que um conhecido participe de uma atividade de formação cristã; ou pelo bem das almas em geral.

Por isso, «se adequadamente compreendido, o Rosário é certamente uma ajuda, não um obstáculo, para o ecumenismo» (n. 4). No diálogo com os não católicos, Maria, muito mais do que um «obstáculo», poderá ser uma «medianeira», facilitando o entendimento mútuo. Com efeito, não são poucos os evangélicos, espíritas ou judeus que têm um carinho todo particular pelo terço, caminho para a aproximação e o diálogo.

A paz e a família

Ao incentivar a devoção do Rosário, o Santo Padre João Paulo II tem no coração dois «alvos» a serem diretamente atingidos, como Ele mesmo afirma: «À eficácia desta oração, confio de bom grado hoje [...] a causa da paz no mundo e a causa da família» (n. 39).

Se, historicamente, o Rosário esteve muito ligado à vitória em muitas batalhas que os cristãos tiveram de enfrentar, hoje a vitória mais necessária é a vitória da paz. Peçamos a Maria esse maravilhoso dom e sintamo-nos envolvidos pessoalmente na causa da paz, pois «não se pode recitar o Rosário sem sentir-se chamado a um preciso compromisso de serviço à paz» (n. 6). E comecemos esta tarefa pelo âmbito das pessoas mais próximas de nós, já que a «grande paz» se constrói a partir das «pequenas pazes».

«Análoga urgência de empenho e de oração surge de outra realidade crítica da nossa época, a da família, célula da sociedade, cada vez mais ameaçada por forças desagregadoras em nível ideológico e prático, que fazem temer pelo futuro desta instituição fundamental e imprescindível e, consequentemente, pela sorte da sociedade inteira. Propõe-se o relançamento do Rosário nas famílias cristãs, no âmbito de uma pastoral mais ampla da família, como ajuda eficaz para conter os efeitos devastadores desta crise da nossa época» (n. 7).

«O Rosário foi desde sempre também oração da família e pela família. Outrora, esta oração era particularmente amada pelas famílias cristãs e favorecia certamente a união. É preciso não abandonar esta preciosa herança. Importa voltar a rezar em família e pelas famílias, servindo-se ainda desta forma de oração» (n. 41). Velhos hábitos tornam-se novos e atualíssimos quando remoçados devidamente, e assim pode e deve acontecer com a oração do Rosário em família. O quadro tradicional da família reunida à volta da lareira ou do fogão a lenha, perto de um antigo e enorme rádio na sala de estar, rezando o terço, pode ser substituído pelo da família moderna, num apartamento, com a presença desligada da televisão e dos modernos aparelhos de som, bem como com os celulares desconectados...

«Muitos problemas das famílias contemporâneas, sobretudo nas sociedades economicamente evoluídas, derivam do fato de ser cada vez mais difícil comunicar-se. As pessoas não conseguem estar juntas, e os raros momentos para isso acabam infelizmente absorvidos pelas imagens de uma televisão» (n. 41). Este quadro realístico traçado por João Paulo II faz pensar que é o momento de tomar iniciativas que, possibilitando a oração em comum, cheguem também a favorecer um clima de diálogo sereno, de entendimento e troca de impressões na vida do lar. Em alguns casos, talvez seja o ponto de partida para a solução de uns problemas familiares de longa data ou o meio de atalhar os primeiros sintomas de desunião.

Oração final

O Papa conclui a sua Carta com uma chamada amorosa de pai: «Que este meu apelo não fique ignorado!» E não ficará se cada um de nós fizer o que estiver ao seu alcance para reavivar esta devoção na sua própria vida, em primeiro lugar, e, depois, à sua volta: na família, entre as amizades de trabalho, da vizinhança, entre parentes e conhecidos...

«Entrego esta Carta apostólica nas mãos sapientes da Virgem Maria, prostrando-me em espírito diante da sua imagem venerada no Santuário esplêndido que lhe edificou o Bem-aventurado Bártolo Longo, apóstolo do Rosário. De bom grado, faço minhas as comoventes palavras com que ele conclui a célebre Súplica à Rainha do Santo Rosário: "Ó Rosário bendito de Maria, doce cadeia que nos prende a Deus, vínculo de amor que nos une aos anjos, torre de salvação contra os assaltos do inferno, porto seguro no naufrágio geral, não te deixaremos nunca mais. Serás o nosso conforto na hora da agonia. Seja para ti o último beijo da vida que se apaga. E a última palavra dos nossos lábios há de ser o vosso nome suave, ó Rainha do Rosário, ó nossa Mãe querida, ó Refúgio dos pecadores, ó Soberana consoladora dos tristes. Sede bendita em todo o lado, hoje e sempre, na terra e no céu"» (n. 43).

Mistérios da alegria

Primeiro mistério da alegria:
A ANUNCIAÇÃO DO SENHOR (Lc 1, 26-55)

I. Abrem-se por fim os céus e desce ao mundo Aquele a quem os Profetas chamam o Justo, o Desejado dos Patriarcas, o Esperado das nações, o Enviado do Senhor. Completaram-se as semanas de Daniel[1] e confirmaram-se as profecias de Jacó (Gen 49, 10), pois o cetro de Judá já passou para as mãos de Herodes, rei estrangeiro. Uma menina, permanecendo virgem, deve dar ao mundo um Homem que é o Filho do Altíssimo!

Será que entendemos realmente o que querem dizer estas palavras: *o Verbo se fez homem*? Ó bondade e misericórdia infinita do Senhor! Então Deus amou-nos tanto que quis que o seu Filho Unigênito se humilhasse a ponto de *assumir a condição de servo* (Fil 2, 7)? E isto, para poder

---

(1) À Profecia de Daniel, escrita durante o exílio do Povo Eleito na Babilônia, menciona «setenta semanas» de anos entre o fim do cativeiro e o aparecimento de um Ungido («Cristo», em grego) que *será suprimido* (cf. Dan 9, 24-26).

padecer e morrer sobre uma cruz a fim de nos resgatar do inferno e nos abrir as portas do Paraíso, para sacrificar-se todos os dias sobre os altares e permanecer sempre conosco, chegando mesmo a dar-se a nós como alimento na sagrada Eucaristia!

Adoremos humildemente a Santíssima Trindade e agradeçamos-lhe por tanto amor. O Pai dá o seu Filho aos homens, o Verbo consente em fazer-se Homem, e o Espírito Santo oferece-se para realizar este grande Mistério. Como correspondemos nós a tanta caridade?

Consideremos a seguir, por um lado, a altíssima dignidade e os sublimes dons da Santíssima Virgem, e, por outro, a sua perfeita humildade. E, além disso, um Deus que cria Imaculada Aquela que há de ser a sua mãe; e que, desde o primeiro momento da sua concepção, a eleva acima dos próprios cumes da santidade. Vejamos o que diz o Senhor no Cântico dos Cânticos: ... *há inúmeras jovens, mas uma só é a minha pomba, única a minha perfeita* (Cant 6, 8-9). E esta foi a Mãe de Deus, eleita pela suma humildade que nela refulge.

No Cântico dos Cânticos, Maria é comparada ao nardo odorífero: porque, diz-nos Santo Antonino, a pequena e olorosa plantinha do nardo simboliza a humildade de Maria, cujo odor subiu ao Céu e trouxe ao seu seio virginal o Verbo divino; porque, acrescenta o mesmo santo arcebispo dominicano, a humildade da Virgem foi a disposição mais perfeita e mais próxima para que se tomasse Mãe de Deus. E São Bernardo confirma: se Maria agradou a Deus pela sua virgindade, foi pela humildade que concebeu o Filho de Deus. A própria Virgem já o tinha afirmado no seu cântico, o *Magnificat: Porque Deus olhou para a humildade da sua serva,* [...] *fez em mim grandes coisas o Todo-poderoso* (Lc 1, 48-49).

Os olhos de Nossa Senhora, com os quais sempre admirava a divina grandeza, nunca perdiam de vista o seu próprio nada. E exerceram tal atrativo sobre o próprio Deus que o Altíssimo foi atraído para o seio da Virgem: *Tu és bela, minha amiga, tu és formosa!* (Cant 6, 1).

Como é grande e santa a humildade de Maria! Tornou Nossa Senhora pequena aos seus próprios olhos, mas grande diante de Deus! Indigna aos seus olhos, mas digna aos olhos daquele Senhor imenso que o mundo inteiro não basta para conter! Como terá a Senhora – perguntamo-nos também nós com São Bernardo –, como terá Ela podido unir no seu coração, a um conceito tão humilde de si mesma, tanta pureza, tanta inocência e tanta plenitude de graça como as que possuiu? Rainha humílima, Deus te salve; por Ti e em Ti começou a obra da nossa Redenção. Concede-me que participe da tua humildade e dá-me o perfeito amor por Ti e pelo teu Filho.

Observemos ainda que, na Anunciação, o Arcanjo Gabriel não é enviado a nenhuma grande cidade, a nenhum palácio real, a nenhuma filha de reis adornada de ouro, mas a Nazaré, pequena aldeia, a uma Virgem desposada com o artesão José. Portanto, não são o nascimento nem os dons da natureza que atraem o olhar de Deus; o verdadeiro mérito aos seus olhos é a humildade, a modéstia, a inocência de costumes.

II. Maria estava recolhida em oração a Deus, quando o Arcanjo Gabriel – «a força de Deus» – lhe apareceu. Este dá-lhe três títulos de uma grandeza que ultrapassa o nosso entendimento. O primeiro diz respeito a Ela mesma: «Ave, *cheia de graça*», ou seja, és a mais santa entre todas as mulheres, és um tesouro de todas as graças e favores de Deus. O segundo diz respeito a Deus: «*O Senhor é contigo*», isto é, Tu és protegida, acompanhada e governada por Ele. E o terceiro diz respeito aos homens: «Bendita és Tu *entre as mulheres*», ou seja, és privilegiada, elevada acima de todas e de todos... Com que respeito dirigimos nós essas mesmas palavras a Maria quando rezamos o seu Rosário?

Maria perturba-se ao ouvir as palavras do Anjo, que lhas transmite da parte de Deus. Os louvores incomodam-na e assustam-na: não refere nada daquilo a si própria, mas tudo a Deus. Perturbou-se porque, sendo plenamente humilde, aborrecia todo o louvor dirigido a Ela e desejava que só o seu Criador e Doador de todos os bens fosse louvado e abençoado.

Que diferença entre Maria e Lúcifer! O demônio, vendo-se dotado de grande beleza, quis, como diz Isaías, erguer o seu trono acima das estrelas e fazer-se semelhante a Deus. E que teria dito e pretendido o Soberbo se alguma vez se tivesse visto adornado com as prerrogativas de Maria? Pois a Virgem não agiu assim: quanto mais se via exaltada, tanto mais se humilhava: e essa humildade foi a beleza graças à qual o Rei dos reis se enamorou dEla.

E considerava o que poderia significar aquela saudação (Lc 1, 29). Quanto a nós, como imitamos Maria diante dos perigosos louvores que recebemos dos homens? Repletos de orgulho, pensamos merecê-los, comprazemo-nos neles e, se fingimos rejeitá-los, só o fazemos para que nos dirijam outros maiores! Quantas quedas vergonhosas não são efeito da adulação!...

Senhora, divina reparadora de todos os nossos males, digna Mãe de Deus, quanto me envergonha a tua humildade! É por isso que te *chamarão bem-aventurada todas as gerações* (Lc 1, 48). Quanto me dói ter ofendido tantas vezes o meu Deus com a minha soberba, e contristado o teu doce e humilde coração! Mas se me olhas com o olhar piedoso de Mãe, logo estarei reconciliado com o Senhor: se souber amar-te, deixarei de ser infeliz. Na tua mão estão todas as graças: Tu podes salvar quem quiseres. Ó Cheia de graça, salva esta minha alma!

III. O Senhor, para maior mérito desta Mãe, não quis fazer-se Filho dEla sem antes lhe pedir o consentimento. Maria concorda em duas frases: *Eis a serva do Senhor, faça-se em mim segundo a tua palavra* (Lc 1, 28). Com estas benditas palavras, consumou-se o mistério da Encarnação, cumpriram-se as profecias e reparou-se a desobediência dos nossos primeiros pais e as dolorosas consequências do triste colóquio de Eva com o anjo das trevas! Palavras admiráveis, em que resplandece a fé mais viva, a humildade mais profunda, a obediência mais submissa, o amor mais terno, o abandono mais perfeito à divina vontade. Palavras que a Igreja, por gratidão, põe diariamente nos lábios dos seus filhos, no *Ângelus*. Pronunciemo-las também nós continuamente, e com os mesmos sentimentos da Santíssima Virgem.

Procuremos aceitar com humilde acatamento tudo o que Deus dispõe a nosso respeito. Ao menos, envergonhemo-nos de ser tão maus e tão diferentes de Nossa Senhora e, o que é pior, de não sabermos chorar nem rezar. Comecemos desde já a arrepender-nos do nosso estado atual, detestemos a desordem que há na nossa vida, comecemos a entregar-nos à oração. E, se percebermos em nós um coração de granito, voltemo-nos para Maria e peçamos-lhe que, por amor da sua Anunciação, queira trocar o nosso coração pelo seu, tão humilde e tão puro.

A seguir, continuemos a pedir-lhe: Grande Mãe de Deus, mar imenso de graças e de felicidade, também eu serei feliz se viver sob a tua proteção. Sim, a partir de hoje e até a minha morte, nunca mais deixarei de saudar-te, de amar-te, de invocar-te com a tua oração predileta, aquela que Tu mesma me ensinaste: o Santo Rosário. Todos os dias o Rosário recorda-me a tua altíssima humildade, a tua pureza e plenitude de graça, a tua divina maternidade, a minha redenção e salvação. Mãe de misericórdia, faz com que Jesus reine no meu coração: que reine ali como Rei, como Dono absoluto, como Senhor das minhas energias e potências. E que eu viva da sua vida e nEle me consuma, para viver dEle e com Ele por toda a eternidade! Sê bendita e amada por todos os povos, ó Senhora nossa, nosso remédio, nossa consolação, nossa glória. Amém.

Segundo mistério da alegria:
A VISITAÇÃO DE MARIA SANTÍSSIMA
(Lc 1, 39-56)

I. A graça do Espírito Santo não admite adiamentos longos: quer uma correspondência fiel e exige uma resolução pronta. Maria, dócil aos movimentos do Espírito Santo, correspondeu imediatamente a Deus. Assim que concebeu o Redentor dos homens no seu seio, dispôs-se sem demora a ser instrumento para a realização do desejo divino de beneficiar o gênero humano e destruir o pecado.

Deus queria santificar o Precursor, João Batista, ainda encadeado pelo pecado original, manifestar a glória e o poder do seu Filho desde os primeiros momentos da Encarnação e cumular as duas felizes mães de uma nova alegria e de novas graças. Maria, plena de amor a Deus e de caridade para com os seus próximos, apesar das dificuldades que encontraria pelo caminho, das estradas difíceis, da sua juventude, do seu feliz estado de maternidade, deixa solicitamente a sua morada de Nazaré na Galileia e empreende a longa e cansativa viagem até os montes da Judeia.

Quantas boas inspirações não teremos sufocado nós no nosso íntimo, das quais talvez dependessem particulares desejos de Deus para a sua glória, para a nossa salvação e para benefício do próximo! Vejamos: Isabel, já entrada em anos, espera um filho; tem necessidade de uma confidente que a ajude e console. E Nossa Senhora não demora a tomar a decisão de partir nem caminha lentamente, mas com pressa.

Para Ela, a caridade para com o próximo é um forte estímulo. O amor de Deus, quando reina no coração, nunca permanece ocioso, mas sempre incita a fazer o bem ao próximo, sem deixar-se dominar pelo comodismo ou pelas apreensões. É que o amor de Deus e o amor ao próximo são um só e mesmo amor, que ora se volta para a causa, ora para os efeitos: ora para o Criador, ora para as criaturas. Só esta virtude guia e anima Maria, não a inclinação para a diversão e o prazer, nem o desejo de ver e de ser vista – a curiosidade e aquela espécie de ostentação que são, para não ir mais longe, os motivos mais frequentes das visitas que fazemos.

Espelhemo-nos na verdadeira e fervorosa caridade de Maria; humilhemo-nos e confessemos que nos falta o verdadeiro amor de Deus. Minha Mãe divina, Mãe de amor, mostra-me também a mim essa tua copiosa caridade; tem piedade de mim, pobre criatura que sou, pois tantas vezes resisti a Deus. Inflama-me no teu amor, aperta-me fortemente com as suas correntes, para que ame a Deus acima de todas as coisas e ao próximo como a mim mesmo.

II. Quantas virtudes podemos encontrar nesta viagem de Maria! A sua profunda humildade, que não lhe permite considerar a eminência da sua dignidade nem a infinita diferença entre o Filho que traz em si e o de Isabel! A *Escrava do Senhor* não conhece as atitudes de reserva das classes superiores, as bizarras «leis» que a vaidade do mundo procura observar com tanto escrúpulo, e que o amor-próprio imaginou, introduziu e cumpre com tanta severidade.

Consideremos como Maria saudou Isabel. A verdadeira caridade antecipa-se aos desejos alheios sem ter em mira nenhum interesse temporal. Se a caridade divina não se nos tivesse antecipado, e não se antecipasse todos os dias, teríamos nós chegado a conhecer a Deus? Pensaríamos nEle? Quando ressoa a saudação de Maria – aquela voz tornada instrumento do Verbo de Deus –, ocorre o maior de todos os milagres: Jesus, do seio da sua Mãe, santifica a alma de João, que exulta no seio da sua mãe, e cumula Isabel do Espírito Santo.

Cristo manifestou o poder da divindade primeiro por meio da sua Mãe e só depois por si mesmo. Aprendamos assim que só por meio de Maria poderemos obter aquilo que esperamos do Céu. A primeira graça comunicada aos homens pelo Verbo encarnado foi concedida do seio e pela voz de Maria.

Mãe das graças, como é sempre poderosa a tua voz! Faz com que ressoe no meu coração, ou pelo menos faz com que o teu Filho a ouça enquanto falas em meu favor! Virgem Santa, como poderei louvar-te e celebrar-te dignamente? Aprenderei a fazê-lo com Isabel, e exclamarei em alta voz com ela, enquanto tiver vida: *Bendita és tu entre as mulheres e bendito é o fruto do teu ventre* (Lc 1, 42).

III. Isabel continua: *A que devo que a Mãe do meu Senhor venha visitar-me?* (Lc 1, 43). Isabel conhece a grandeza do

Filho de Maria e chama-o *seu Senhor...* Temos nós os mesmos sentimentos por Jesus Cristo, quando nos vem visitar? A sua divina presença e a sua graça no Sacramento adorável do seu Corpo e do seu Sangue imprimem em nós os mesmos transportes de júbilo, fé e humildade? Isabel reconhece em Maria a Mãe de Deus graças a uma luz divina, e acrescenta: *E bem-aventurada és tu que creste que se cumpririam as palavras do Senhor* (Lc 1, 45). Tudo se realizará no seu devido tempo.

Foi então que Maria, plena de luz e de graça, de gratidão e de amor, com uma disposição de ânimo verdadeiramente humilde, fiel às graças recebidas de Deus, compenetrada das suas misericórdias, cantou aquele cântico divino de reconhecimento e de amor, de profecia e de perfeito louvor aos atributos de Deus. Instrui-nos sobre o presente e profetiza de si mesma aquilo que se realizará em todas as gerações: *A minha alma engrandece o Senhor e o meu espírito rejubila em Deus, meu salvador, porque olhou para a humildade da sua serva, e doravante chamar-me-ão bem-aventurada todas as gerações* (Lc 1, 46-48). Recorda o bem que Deus fez no passado: *Ostentou o poder do seu braço e dispersou os que se orgulham com os pensamentos do seu coração* (Lc 1, 51). Prediz o futuro e a fé em que as promessas feitas ao povo de Deus perdurarão por todos os séculos até o fim do mundo: *A sua misericórdia estende-se de geração em geração sobre os que o temem [...], segundo o que prometera aos nossos pais em favor de Abraão e da sua descendência para sempre* (Lc 1, 50.55).

Quando o falso brilho e a ilusão das grandezas humanas nos atraírem, reconheçamos que só Deus é grande e refiramos tudo à sua glória. Quando as ilusões dos prazeres tentarem seduzir-nos, pensemos que só em Deus encontraremos a certeza e os prazeres puros e perduráveis. Quando o veneno do louvor ou os enganos do amor-próprio nos fascinarem, reentremos no nosso nada e peçamos ao nosso coração que desperte em nós a lembrança humilhante dos nossos pecados, coisa que Maria não pode fazer por nós.

Senhora, desde o momento em que te mostraste verdadeira *Mãe das graças*, espero, pela virtude deste mistério do teu Rosário, que me dês a graça de amar muito o Filho de Deus e de salvar a minha alma, pois és a Dispensadora universal das graças, e por isso a Esperança de todos e a minha Esperança. Amém.

Terceiro mistério da alegria: A NATIVIDADE DE JESUS CRISTO (Lc 2, 1-14)

I. Chegada a hora em que o Verbo encarnado devia nascer de uma Virgem e vir ao mundo, o salto de alegria que deu foi tão grande que o Profeta o compara ao primeiro esforço de um gigante que empreende uma grande tarefa: *Lançou-se,* diz, *como um gigante a percorrer o seu caminho* (Sal 18, 6).

Vejamos como o Evangelista São Lucas nos narra a cena: *Aconteceu naqueles dias que saiu um decreto de César Augusto para que se recenseasse todo o orbe. Este recenseamento foi o primeiro enquanto Quirino era governador da Síria. Todos iam registrar-se, cada um na sua cidade. José, por ser da casa e da família de Davi, subiu da Galileia, da cidade de Nazaré, à Judeia, à cidade de Davi, que se chama Belém, para se registrar com Maria, sua esposa, que estava grávida* (Lc 2, 1-5). Maria e José, portanto, obedeceram também às autoridades terrenas.

O caminho era longo e difícil, e estava-se em pleno inverno. Cansados da viagem, Nossa Senhora e o seu santo

Esposo entraram em Belém. Mas que paciência, que resignação perfeita não tiveram de ter diante do modo como foram recebidos na cidade de Davi! Não houve uma casa, não houve um albergue que os acolhesse por uma noite. Entraram na cidade, percorreram casa por casa: tudo estava ocupado por forasteiros. Voltaram atrás, pediram, insistiram: tudo foi inútil. Parentes, amigos, conhecidos, todos fizeram ouvidos surdos: os dois viajantes não receberam mais do que negativas.

Tão pobres eram esses dois peregrinos – pobres com a santa pobreza – que não encontraram ninguém que os acolhesse neste mundo miserável, e a própria Mãe de Deus, que tinha a pobreza por único ornamento, se viu repudiada! Mas, se a pobreza é ignominiosa e desprezível aos olhos dos homens, tem um valor incomparável aos olhos de Deus.

Estando eles ali, completaram-se os dias do parto (Lc 2, 6). Maria tomou consciência da iminência do parto, não por um aumento das dores, como acontece com as outras mulheres, mas pelo crescimento do seu amor e do desejo que tinha de ver com os seus próprios olhos e estreitar nos seus braços o Filho único, seu e de Deus. Mas em que estado se encontrava! E em que tribulação não se viu José! O frio, a noite, a escuridão, a presença daquela multidão de estranhos, o tumulto só fizeram aumentar-lhes os sofrimentos, o embaraço, a fadiga. Mesmo assim, não lhes escapou dos lábios uma única palavra de queixa. Mais familiarizados do que os outros homens com os mistérios da Providência divina, sabiam muito bem que as pessoas que Ele escolhe para levar a cabo as suas maiores missões devem estar dispostas a sofrer provas particularmente duras.

II. Excluídos de todas as casas por causa da multidão de hóspedes, Maria e José dirigiram-se ao campo por aqui, por ali, por ladeiras e ásperos sendeiros, e o único asilo que os mais sublimes personagens da terra puderam encontrar foi um estábulo! Para ali conduziu Deus as duas pessoas mais santas e mais amadas que jamais criara!

Os dois reconhecem a Mão que os dirige e a adoram com amor e submissão. Para recompensar a sua fidelidade, o Senhor cumula-os dos seus mais excelsos favores, dando-lhes a consolação de serem os primeiros a ver o Verbo de Deus feito Carne. Num canto desse refúgio, bem conveniente ao nascimento de um Menino destinado a morrer um dia sobre uma cruz, Maria entra em profunda contemplação e, permanecendo o que sempre fora – Virgem e Imaculada –, torna-se realmente Mãe ao dar ao mundo o seu Filho, Cabeça, Herdeiro e Primogênito, segundo a carne, da Casa de Davi. Num corpo pequenino, mas infinitamente belo, o Verbo, encarnado pelo seu próprio poder divino, entra no mundo por meio de Maria Virgem como um raio de sol que penetra por uma janela sem quebrar o vidro.

Quem poderá reproduzir as palavras e os sentimentos do coração de Maria e de José naquela hora? Os anjos reconhecem e adoram como seu Senhor o Menino recém-nascido, e, ao chamarem os pastores, cantam: *Glória a Deus nas alturas, e paz na terra aos homens por Ele amados* (Lc 2, 14). A Rainha do Céu e da terra envolve nuns pobres panos o Criador do Universo e põe-no numa manjedoura, que há de servir-lhe de berço. Chama a seguir o seu Esposo virgem e, com ele, dirige ao Filho a primeira e a mais pura adoração que o mundo jamais lhe prestou! Alegremo-nos com esta divina Mãe e com São José, e unamos os nossos louvores aos seus.

Como são admiráveis as disposições da divina Providência, por mais que aos tolos pareçam apenas efeitos do acaso! O imperador romano que, com o seu edito, pensava dar cumprimento aos desígnios da sua política e da sua vaidade, serve de ocasião para que Maria vá a Belém e ali nasça Jesus, cumprindo-se assim a profecia que anunciava que seria esse o lugar do seu nascimento. Jesus é inscrito nos registros do Império para que se torne manifesto às nações da terra quais foram o lugar e o tempo do seu nascimento, e que Ele é o Filho de Abraão e o Herdeiro de Davi. O Senhor nasce num estábulo, é reclinado numa manjedoura, para tomar-se o fundador de um império eterno que há de submeter todos os homens às leis da humildade e do desprendimento das riquezas.

Aos olhos da carne, tudo o que acaba de acontecer parece efeito do acaso, porque o homem animal não consegue elevar-se das coisas visíveis às invisíveis, e assim ignora a razão última dos acontecimentos e não compreende que é Deus quem governa o mundo. Senhor, eu reconheço e adoro a tua admirável Providência! Os homens são cegos nos seus juízos. Quanto a mim, seja qual for o estado de privação, de humilhação, de contradição em que me encontre, reconhecerei sempre que estas coisas provêm ou são permitidas pela tua inefável Providência, que tudo reordena para o meu bem e a tua glória.

III. Quem é este Jesus nascido num estábulo? É o nosso Deus, porém *verdadeiramente um Deus escondido*, como lhe chamou Isaías (Is 45, 15): igual ao Pai pela divindade, mas semelhante a mim pela humanidade, à exceção do pecado. Graciosíssimo Menino, a fé revela-te ao meu coração como o meu Salvador e o meu Modelo! Tu me ensinas muito oportunamente a obediência, a humildade, a mortificação, o desprendimento, a santa pobreza, o autêntico desprezo por tudo aquilo que o mundo estima e a verdadeira estima por tudo aquilo que o mundo despreza.

Como é eloquente a voz deste estábulo e desta manjedoura! O Eterno faz-se um recém-nascido! O Verbo Criador, que *disse e foi feito* (cf. Gen 1, 1-31), é uma criança que não sabe falar! O Onipotente é um frágil menino! O seu tenro corpinho machuca-se na dureza da manjedoura; os seus membros delicados sofrem o rigor do frio; e os seus olhos amáveis cobrem-se de lágrimas, não para chorar os seus sofrimentos, mas para lavar os nossos pecados!

E nós, havemos de continuar a estimar tanto as comodidades temporais e a procurá-las com tanta solicitude? Jesus Cristo tratou com tanta aspereza o seu corpo puro e inocente, em perfeita submissão à vontade divina, e nós tratamos com tanta moleza o nosso, que é um *corpo de pecado* (Rom 6, 6) e um inimigo da nossa felicidade! O Senhor quis que o seu corpo, embora tenro e santo, fosse reclinado sobre um pouco de palha, porque sabia até que ponto o amor que temos pela nossa carne e a falsa paz que encontramos nos seus miseráveis caprichos são perigosos para a nossa salvação, pois nos fazem perder todo o fruto dos sofrimentos que o Salvador suportou por nós e dos méritos que nos conquistou. «Ai de nós! – gemia São Bernardo –, não estaremos inteiramente livres do amor-próprio senão no Céu!» Se o amor-próprio, sem a fraqueza da carne, precipitou tantos anjos no inferno, que não fará em criaturas emborralhadas de lama, que se abandonam às suas paixões?

Adoro-te, ó Verbo Encarnado! Adoro-te, Filho do Deus vivo! Adoro-te, Deus verdadeiro, revestido da minha carne e voluntariamente sujeito às minhas misérias. Vem com a tua graça à minha alma, e sê o meu verdadeiro Salvador. Quanto me afligem essas tuas primeiras lágrimas, que derramaste à vista de todos os pecados do mundo! Já sacrifiquei às preocupações da terra e do corpo uma grande parte da minha vida; não é muito o tempo que me resta para merecer o Céu. Que ao menos agora comece a servir-te, Senhor!

Estou impregnado de dor pelos meus pecados, e desejo sinceramente chorá-los contigo. Mas só as tuas lágrimas onipotentes que abrem o Céu, só elas são capazes de abrir os meus olhos para curar a cegueira da minha alma. Que essas doces lágrimas lavem todas as manchas do meu coração; que, assim como penetram no coração do Pai Eterno, penetrem também no meu e o inflamem de amor a Deus e de ódio por todo o amor pecaminoso. Maria e José, sei muito bem que não mereço ser escutado, mas pela vossa intercessão espero obter tudo.

QUARTO MISTÉRIO DA ALEGRIA:
A APRESENTAÇÃO DE JESUS NO TEMPLO
(Lc 2, 22-35)

I. O amor ao sacrifício é o primeiro sinal que marca a vida do Redentor e toda a vida da sua bendita Mãe. Apenas quarenta dias se passaram desde o seu nascimento, e já o Filho e a Mãe fazem dois grandes sacrifícios. Jesus, oito dias depois de vir ao mundo, oferece ao Pai as primícias do seu sangue no dia da Circuncisão; e Maria, passados os quarenta dias depois de dar à luz previstos pela Lei de Moisés, oferece a Deus o seu Primogênito.

Na Circuncisão, o Menino recebe o nome de Jesus, que quer dizer Salvador: nome sublime que o Anjo Gabriel já tinha revelado pouco antes de o Verbo descer para tornar--se filho de Maria. A Circuncisão foi para o Senhor uma cerimônia humilhante: Cristo, o Santo dos Santos, é tratado como os pecadores, e recebe na sua carne o sinal da fé que Abraão tivera nEle, como manifestação da sua verdadeira humanidade e exemplo de obediência, bem como da sua humildade, tão oposta ao nosso orgulho.

Consideremos que, desta forma, o Senhor nos chamou à mortificação espiritual, isto é, à luta por eliminar todos os maus pensamentos deliberados do nosso espírito, todos os afetos desordenados e voluntários do nosso coração, dessa avidez de sempre falarmos de nós mesmos e de criticarmos o próximo. Senhor, Tu derramaste o teu sangue para salvar-me e eu não estou disposto a sofrer coisa alguma pela minha salvação? Tu tiveste tanta pressa em derramá-lo, e eu quererei ainda adiar a entrega do meu coração a ti?

José e Maria, só Vós sobre a terra conheceis o preço desse sangue divino. Que dor experimentastes no vosso coração quando o vistes jorrar!

Jesus, nome forte e poderoso, o único pelo qual os homens podem ser salvos (cf. At 4, 12), a cuja invocação Deus vincula todas as graças. Nome que abriu o Céu, fechou o inferno, encadeou o demônio, derrubou os ídolos e baniu a idolatria. Nome puro e santo, trazido do Céu por um Anjo e imposto por Maria e José, seu Esposo virginal.

Ó Nome amável e doce, suaviza os meus sofrimentos, fortalece-me nas contrariedades e conforta-me na hora da morte com a esperança do Paraíso. Esteja sempre no meu coração e nos meus lábios o dulcíssimo nome de Jesus.

II. *Assim que se completaram os dias da purificação* [da Mãe], *conforme a Lei de Moisés, levaram-no a Jerusalém para apresentá-lo ao Senhor, segundo está escrito na Lei do Senhor:* «*Todo o varão primogênito seja consagrado ao Senhor*» (Lc 2, 22-23). Observemos mais em detalhe a obediência de Maria. Ela, Mãe de Deus e sempre Virgem, não está sujeita a essa lei porque a sua maternidade não se assemelha à das outras mães. No entanto, neste mistério, Ela faz generosamente três grandes sacrifícios.

Em primeiro lugar, sacrifica aos olhos dos homens a sua virgindade. Ela é santa aos olhos de Deus, é toda pureza, e isso lhe basta; os juízos humanos não a inquietam. Como nós somos diferentes! Desfeados aos olhos de Deus, queremos parecer puros aos olhos dos homens. Merecedores do inferno, desejamos ardentemente que todos nos honrem, nos considerem. Ai de quem ouse ofender-nos! Queremos vingar-nos imediatamente!

O segundo sacrifício de Nossa Senhora foi mostrar a todos a sua pobreza. Segundo a Lei, a mãe devia oferecer um cordeiro, mas as que eram pobres podiam apresentar-se com um par de rolas ou dois pombinhos. Maria, a Rainha do Céu e da terra, a Mãe do Criador do mundo, não se envergonha de mostrar-se pobre aos olhos do mundo, e na Casa do Senhor! Sabia que os pobres são desprezados e que todos os homens e mulheres cultivam meticulosamente o prurido de parecer ricos, mesmo quando não o são. Até na casa de Deus os ricos querem ocupar o melhor lugar! Que contas estreitas não teremos de prestar a Deus pelos escândalos que causamos com os nossos hábitos de pura ostentação, que chegam a ser um insulto à miséria dos pobres? Ponderemos muito bem o peso deste sacrifício feito por Nossa Senhora, contra esse segundo ídolo do mundo que é a riqueza.

O terceiro sacrifício de Maria foi o mais pesado: inefável e sem preço, porque consistiu em oferecer o seu Filho Unigênito à morte por nós, pecadores. Quem compreenderá a fundo quanto lhe custou essa enorme renúncia? Maria e José sustentam nos braços esse Menino para saciar o seu amor e dividir com ele a sua felicidade; mas Nossa Senhora tem de dizer: «Pai, eis o teu Filho e meu; ofereço-o em ação de graças a ti porque o deste a mim e aos homens; ofereço-o para aplacar a tua justiça e para que olhes propício para todo o gênero humano...». Quantas graças nos mereceu a divina Mãe por meio de Jesus Cristo nesse oferecimento supremo! Que espetáculo foi para o Céu essa santa oblação! Agora, Deus recebe no seu Templo uma oferta digna de si mesmo e igual a si.

A seguir, o divino Senhor é resgatado ao preço de duas rolinhas – umas poucas moedas de prata –, Ele que devia resgatar-nos do inferno ao preço de todo o seu sangue, esse sangue que haveria de correr abundantemente das cinco chagas do seu Corpo inocente!... Apresentemo-nos diante do Pai celeste em companhia de Nossa Senhora, e com Ela, através de Jesus, ofereçamos ao nosso sumo Criador todos os pensamentos da nossa mente e todos os afetos do nosso coração.

III. O justo Simeão observa essa cena e crê na revelação que lhe faz o Espírito Santo. Vê o Menino, reconhece-o como o verdadeiro Deus e adora-o interiormente. Depois, toma-o nos braços, aperta-o contra o coração e manifesta o seu júbilo e gratidão glorificando a Deus. Por que não tenho a fé viva de Simeão, eu que terei ainda hoje a sorte de abraçar o Senhor mais intimamente e de possuí-lo mais plenamente na sagrada Comunhão?

Consideremos como Simeão abençoa Maria e lhe profetiza as dores que Ela padecerá e a morte de Jesus: *E uma espada trespassará a tua alma* (Lc 2, 35). Maria terá de ver o coração do seu Filho trespassado por uma lança, e assim terá o seu coração trespassado de dor... Mas porventura não bastava que Ela estivesse destinada a sofrer esse tormento cruel, sem que fosse necessário anunciar-lho com trinta e três anos de antecedência? Mesmo assim, ó Virgem santa, cria com diligência esse teu querido Filho. Crescerão com Ele as tuas angústias, e o teu martírio durará enquanto durar a sua vida; mais ainda, crescerá de dia para dia, à medida que o Cordeiro de Deus se aproximar do tempo destinado ao seu sacrifício. «*Ele está posto para ruína e ressurreição de muitos, como sinal de contradição*» (Lc 2, 34).

Senhora, pudesse também a minha vida passar-se com a tua na dor, nas lágrimas, na memória dos sofrimentos do meu Salvador! A partir de hoje, sim, é que te convém o nobre título de Rainha dos Mártires, porque os superaste a todos no sacrifício. Eles ofereceram a sua vida, mas Tu ofereceste a vida do Filho Unigênito que amavas imensamente mais do que a tua. Para eles, o sacrifício foi momentâneo; para ti, durou toda a vida, porque em todo o momento Tu o oferecias ao Pai Eterno, sempre pensando nos futuros padecimentos do teu Filho.

Essa dor anunciada por Simeão nunca desapareceu do coração de Maria, até a morte. Desse dia em diante – diz São Bernardo –, Ela, vivendo, começou a morrer, pois passou a trazer cravada no coração uma dor mais cruel do que a morte. Nem por isso deixou de aceitar aquele doloroso anúncio com heroica fortaleza, perfeitamente conformada com o querer de Deus. A partir desse dia, diz Santo Agostinho, Ela tornou-se a Reparadora do gênero humano; e, segundo Santo Ambrósio, a Mãe de todos os fiéis; e, como lhe chama Santo Epifânio, a Redentora dos escravos: porque a sua vontade era uma só e a mesma do seu Filho – salvar-nos.

Rainha dos Mártires, oceano de dores, não me abandones quando sentir que me faltam as forças e a minha virtude fraquejar sob o peso do sofrimento. Obtém-me de Deus a força e a virtude de sofrer, com a paz, serenidade e amor que Jesus nos mereceu, as dores e penas que Ele permita que eu sofra. Faz com que as chagas e o sangue que o teu amadíssimo Filho sofreu pela minha alma não tenham sido vãos.

Ó Mãe puríssima, salva-me e obtém-me o Paraíso. Dá-me a força de começar hoje mesmo a oferecer a Deus de verdade um sacrifício agradável em todas as minhas palavras e em todos os meus pensamentos, desejos, vontade, ações e paixões. Que o exemplo das tuas dores me conforte nas penas desta vida e o exemplo do teu sacrifício me anime a fazer o sacrifício de combater o meu defeito dominante. São José, pai adotivo de Jesus e meu pai, também tu tiveste o coração trespassado desde o dia de hoje e pelo resto da tua vida: sê meu guia particular nos caminhos de Deus, meu protetor durante a vida, meu conforto na hora da morte. Amém.

Quinto mistério da alegria:
JESUS REENCONTRADO NO TEMPLO
(Lc 2, 22-51)

I. Jesus tem apenas doze anos..., mas quantos sofrimentos teve de suportar até esse momento! Mal terminara a cerimônia da Purificação, o anjo do Senhor ordenou em sonhos a José que fugisse para o Egito a fim de salvar o Menino e a Mãe da mão homicida de Herodes. Era uma segunda prova de obediência. E, em plena noite, a mais santa, a mais obediente, a mais pobre e a mais humilhada família do mundo tem de fugir.

Vive pobre e desconhecida no Egito, país imerso na superstição, na idolatria e no pecado. Os Inocentes tinham sido trucidados por Herodes, que em breve mataria igualmente o próprio filho, e que por fim acabaria por morrer roído pelos vermes, envolto num mau cheiro insuportável. Cumprem-se assim todas as profecias sobre a chegada do Messias: o exílio termina, e José recebe ordem do anjo de voltar para Israel. E quantas outras estreitezas a Sagrada

Família não terá tido de enfrentar nessa segunda viagem, quantas dificuldades e privações!

Em todos esses acontecimentos, José é o cabeça; Jesus e Maria calam e deixam-se guiar. Santo Patriarca José, verdadeiro modelo das almas interiores, comunica à minha alma um pouco do teu silêncio interior, da tua paz nascida da perfeita obediência às indicações de Deus, e da tua pureza de coração e de mente, por cumprires plenamente os desígnios divinos, as suas santas inspirações e as suas ordens, que me chegam através dos que têm autoridade sobre mim e dos meus deveres de estado.

II. *Quando Ele já contava doze anos, ao subirem eles* [à Cidade Santa para celebrar a Páscoa] *segundo o rito festivo, e ao voltarem, acabados os dias, o menino Jesus ficou em Jerusalém, sem que os seus pais o notassem* (Lc 2, 42-43). O episódio não se deu por culpa deles, mas por um desígnio da Sabedoria divina. Cristo permaneceu na cidade, seja para manifestar-se aos doutores da Lei judeus, seja para reafirmar em José e Maria a certeza da sua divindade, ou ainda para fazer dEles o modelo, o refúgio, a consolação das almas desoladas.

Só as almas enamoradas de Cristo que já não sentem a suavidade sensível da sua presença nem da devoção, e se veem imersas na noite escura dos sentidos e das paixões, da aridez, da tentação e do abandono..., só essas almas podem fazer ideia da grave dor que se apoderou dos corações santos de Maria e de José! Os dois procuram-no e buscam-no: ninguém o viu.

Maria, José, como foi grande a vossa preocupação! Que excesso de dor sentistes? Como passastes aquelas noites cruéis? Quantos temores, quantos pensamentos! Como vos recriminastes a vós mesmos! Não havíeis experimentado nada de semelhante diante dos furores de Herodes ou dos perigos do Egito, porque então Jesus estava convosco, mas agora não está mais.

Meu Deus, meu Deus, quantas vezes não te perdi sem experimentar a menor pena! Quantas vezes vivi sem ti, sem me inquietar minimamente? Que seria de mim se, pela tua bondade, não tivesses sido Tu a procurar-me em primeiro lugar?

III. *Ao fim de três dias, acharam-no no Templo, sentado no meio dos doutores, ouvindo-os e interrogando-os [...]. E desceu com eles e veio a Nazaré, e era-lhes submisso* (Lc 2, 46-51). É a única passagem de São Lucas que revela o que Cristo fez até alcançar os trinta anos de idade. E os outros Evangelistas não nos disseram nada porque Ele quis que, desses seus trinta anos de vida, não soubéssemos senão que era submisso àqueles que o seu Pai lhe dera por superiores. Esta submissão é um compêndio de toda a sua vida e da sua doutrina, e, segundo o Apóstolo São Paulo, a origem da sua glória: *Humilhou-se a si mesmo fazendo-se obediente até a morte, e morte de cruz. Por isso Deus o exaltou e lhe deu um nome que está acima de todo o nome* (Fil 2, 8-9).

Com efeito, as primeiras palavras de Cristo narradas no Evangelho são palavras de obediência: *Não sabíeis* – diz à sua Mãe quando foi reencontrado no Templo por Ela – *que devo ocupar-me das coisas de meu Pai?* (Lc 2, 49). Da mesma forma, nos trinta anos da sua vida privada, Cristo não apareceu aos homens senão como um filho obediente aos seus pais sábios e moderados.

Vale a pena considerarmos com que humildade e perfeição Maria e José davam ordens a tal Filho e eram obedecidos por Ele..., quando sabiam que era o seu Criador. José, como cabeça da família, era respeitado pela Mãe e pelo Filho de Deus, e essa superioridade humilhava-o infinitamente: ver Deus submisso e obediente a ele, um simples artesão! Maria sabia que, ao mandar ao Filho, obedecia a Deus, que assim o queria. Cristo obedecia aos dois em silêncio, com respeito e alegria, pois faziam as vezes de Deus, seu Pai. Era a obediência mais perfeita que jamais se praticou sobre a terra!

A Sagrada Família mostra-nos o amável modelo da vida oculta! Observavam com exatidão a lei de Deus e viviam de acordo com a sua condição, mediante o trabalho das suas mãos! Quando o trabalho terminava, recolhiam-se para orar: e que oração! Quantos dons do Céu!

Também na vida pública o Senhor se mostrou obediente à vontade do seu Pai. A sua doutrina era esta: Ele havia descido do Céu para fazer a vontade de seu Pai, e esta era o seu alimento; a sua doutrina não era sua, mas do seu Pai; o cálice que devia beber por nós era aquele que o seu Pai lhe tinha preparado. Resumiu todo o cumprimento da Lei na caridade; mas toda a prova da caridade reduz-se à prática da obediência: *Se me amais* – diz Cristo –, *observareis os meus mandamentos* (Jo 14, 15). *Quem não me ama, não observa as minhas palavras* (Jo 14, 24). Ninguém pode agradar a Deus se não o amar, e quem ama obedece. O amor e a obediência, que reconciliam a nossa alma com Deus, unem-nos a Ele e merecem-nos o Paraíso.

O Senhor obedeceu com perfeita submissão a uns juízes injustos, a um procurador idólatra, a uns soldados cruéis, como a superiores que o seu Pai lhe deu por algum tempo. Portanto, para obedecermos bem, não devemos olhar, nas pessoas a quem obedecemos, nem para a idade, nem para a idoneidade, o mérito, a inteligência, a afabilidade, nem tampouco para a virtude ou a santidade; mas devemos ter os olhos postos unicamente nAquele a quem representam.

Cristo elevou a obediência à mais alta perfeição. O Filho de Deus servia numa casa pobre, a ponto de esgotar as suas energias, sem esperar recompensa alguma; antes pelo contrário, sabia muito bem que, por obediência ao seu Pai, haveria de perder por fim o descanso, a honra, o sangue e a vida, e que sofreria uma morte ignominiosíssima no meio de dois ladrões. E para que as suas últimas palavras fossem conformes ao princípio e à totalidade da sua vida, ao expirar sobre a cruz, bradou: *Tudo está consumado. Pai, em tuas mãos entrego o meu espírito* (Jo 19, 30; Lc 23, 46).

A sabedoria do cristão consiste, pois, na obediência; e por isso Davi pede frequentemente a Deus: *Ensinai-me a fazer a vossa vontade, porque sois o meu Deus* (Sal 142, 10). *Uma só coisa peço ao Senhor, e a peço sem cessar: é habitar na casa do Senhor todos os dias da minha vida* (Sal 26, 4), como um servo fiel que conhece e faz a vontade do seu dono.

Ó eterna Sabedoria encarnada, adoro-te. Tudo te está naturalmente submetido: os anjos e os vermes, os corpos terrestres e os celestes. Mesmo assim, para que me envergonhasse do meu orgulho, escondeste a tua grandeza, sujeitaste-te às tuas criaturas, também às injustas e às cruéis. Que necessidade tinhas da orientação de Maria e de José ao longo de trinta anos, obrigando-os a mandar para poderes prestar-lhes obediência, Tu que és a verdadeira Luz e a infinita Sabedoria, Tu que governas os que te obedecem?

Tu conheces a minha contínua rebelião – efeito da presunção e do amor-próprio! – porque estou sempre inquieto e cheio de mil erros, de mau humor, de espírito de contradição e de cólera. Mestre divino, faz com que a minha alma e a minha carne te estejam sujeitas, e que este barro nunca se oponha à tua vontade. Infunde a virtude da obediência na minha alma mesquinha e reforma todos os seus erros e miseráveis culpas. Puríssima Mãe de Deus, glorioso Patriarca São José, as mais humildes e obedientes de todas as criaturas, tende piedade das míseras quedas provocadas pelo meu orgulho. Obtende-me do vosso obedientíssimo Filho a graça de fazer sempre a sua vontade. Amém.

Mistérios da luz

Primeiro mistério da luz:
O BATISMO DE JESUS CRISTO
(Mt 3; Mc 1, Lc 3)

I. É um grande mistério que Cristo tenha querido ser batizado por João. Nós necessitamos desse meio para nos purificarmos do pecado original, mas Jesus Cristo não precisava de nenhum tipo de purificação: Ele era o Verbo, a Segunda Pessoa da Santíssima Trindade; possuía a plenitude do Espírito Santo. O seu rebaixamento foi, pois, ocasião de mostrar a sua grandeza.

João Batista tenta impedi-lo, dizendo: *Sou eu que tenho necessidade de ser batizado por ti, e tu vens a mim?* (Mt 3, 14). O batismo de João era simples lavatório de arrependimento e só levava à confissão das culpas próprias; e para que ninguém pensasse que Jesus também vinha a ele com essa intenção, João corrige de antemão essa ideia, chamando-lhe *cordeiro de Deus* e *redentor dos pecados* da terra inteira. Porque aquele que tinha o poder de tirar os pecados de todo o gênero humano devia necessariamente estar Ele próprio sem pecado. Por isso João não disse: «Vede o impecável», mas algo que era infinitamente mais: «*Vede aquele que tira o pecado do mundo*» (Jo 1, 29)[1].

Jesus responde a João: *Deixa-me por agora, pois é conveniente que cumpramos toda a justiça* (Mt 3, 15), os planos de Deus. E João obedece imediatamente. Vê o Deus feito carne que, já no início da sua vida pública, não quer singularizar-se e que assim de algum modo nos anuncia também o ponto de partida do qual arrancará toda a vida cristã: o Batismo.

Em geral, pensamos menos do que deveríamos nesse Sacramento que, na imensa maioria dos casos, recebemos quando nem sequer tínhamos consciência desse dom, o maior que, com a vida, Deus nos poderia ter feito. E, no entanto, o seu efeito continua presente em cada instante da nossa existência. Se temos no coração a graça divina, se agora pode circular em nós a própria vida de Deus, é por termos sido batizados; se podemos confessar-nos e comungar, é porque recebemos o Batismo. Por esse Sacramento, foi-nos aberta a possibilidade de um dia alcançarmos o céu e de já agora vivermos como se já lá estivéssemos.

O Batismo transforma-nos em filhos de Deus e confere-nos uma grandeza inimaginável. Com ele, surgiu em nós *uma nova criatura* (2 Cor 5, 17), uma realidade tão profunda que São Tomás de Aquino não hesita em afirmar que, por ela, o homem «é constituído num *novo ser*»[2]. Somos agora *filhos no Filho*, filhos de Deus, por adoção, no seu único Filho. Por isso, não nos deve causar espanto

---

(1) Cf. São João Crisóstomo, *Homílias sobre São Mateus*, 12, 1-3.
(2) São Tomás de Aquino, *Suma teológica*, I-II, q. 110, a. 2 ad 3.

que a meta a que deva almejar todo aquele que recebeu as águas batismais consista necessariamente em ser outro Cristo, em ser *santo* como Deus é santo.

Para as primeiras gerações de cristãos, que ao longo de quase três séculos padeceram perseguições violentas pelo simples fato de professarem a fé de Cristo, batizar-se significava correr risco iminente de vida. Não será este o momento de nos perguntarmos: – Não terei eu banalizado os compromissos que assumi pelo Batismo? Que sacrifícios estou disposto a fazer e realmente faço para conservar a alvura que Deus me concedeu ao conceder-me a graça batismal? Vivo com a consciência de que essa graça primigénia imprimiu *caráter* em mim, uma marca absolutamente indelével, uma dignidade que me deveria levar «espontaneamente» a pensar, agir, trabalhar como verdadeiro filho de Deus?

II. *Batizado Jesus, saiu logo da água, E eis que se lhe abriram os céus e viu o Espírito de Deus descer como pomba e vir sobre ele* (Mt 3, 16). Abrem-se os céus e desce o Espírito Santo.

Mas por que apareceu o Espírito Santo em forma de pomba?, pergunta São João Crisóstomo. E responde: – Porque a pomba é uma ave mansa e pura. E como o Espírito de Deus é espírito de mansidão e de pureza, aparece em forma de pomba.

Esta ave recorda-nos, por outro lado, o antigo acontecimento bíblico. Porque sabemos que, quando a humanidade sofreu o dilúvio universal e, pelos seus crimes, esteve a ponto de perecer toda ela, apareceu a pomba para indicar o fim da tormenta e, trazendo um ramo de oliveira, anunciou a boa nova da paz para toda a humanidade. Pois bem, Deus traz esse acontecimento à nossa memória para que não desesperemos. Pois, quando as coisas haviam chegado a tal estado de calamidade, ainda houve solução e remédio. Naquela ocasião, foi por meio de um castigo; agora, porém, por graça e dom maravilhoso. É o Espírito Santo quem, por mais conturbados e desatinados que nos pareçam os tempos que nos coube viver, há de renovar a face da terra: *Eis que Eu faço novas todas as coisas* (cf. Apoc 21, 5). Não esperemos a solução definitiva em outro lugar e com outros meios.

Por isso, agora aparece a pomba, não para trazer um ramo de oliveira no bico, mas para nos mostrar Aquele que vinha livrar-nos de todos os males e infundir-nos as mais seguras e felizes esperanças. Essa pomba não vinha só tirar um homem da arca, mas elevar ao céu a terra inteira. E, em lugar do ramo de oliveira, traz a todo o gênero humano a filiação divina[3].

Sobre cada um de nós pousa a pomba do Espírito Santo, não só no dia do nosso batismo, mas habitualmente ao longo da nossa vida. Instrui-nos na fé, fortalece-nos na luta, ampara-nos nas dificuldades. Mas só continua a pousar eficazmente sobre nós se lho permitimos, fazendo o melhor uso da liberdade que Deus quis conceder-nos, porque queria que o servíssemos como filhos bem-amados, não como autômatos ou escravos. Não nos esqueçamos de que, se o batismo cancelou o pecado original, não suprimiu a inclinação para o pecado: o desafio à nossa liberdade persiste.

---

(3) Cf. São João Crisóstomo, *Homílias sobre São Mateus*, 12, 1-3.

Convém que olhemos para o nosso coração e vejamos se temos estado abertos às luzes que o Espírito Santo nos concede. A alma fechada aos toques do Paráclito guiar-se-á por si mesma, e assim não chegará a bom porto: mais cedo ou mais tarde, será vítima do seu egoísmo e se destruirá. A boa abertura, pelo contrário, traduz-se na docilidade com que correspondemos a essa ação do Espírito vivificador, incessante e cheia de suavidade, que quer desenvolver e levar a bom termo a graça batismal. Conselhos, descobertas feitas por nós mesmos, censuras no íntimo da consciência, por mais que nos pareçam algo humano, são intervenções divinas destinadas a conduzir-nos, a fortalecer-nos e animar-nos na nossa caminhada para a plena liberdade da glória dos filhos de Deus.

III. Juntamente com o Espírito Santo em forma de pomba, ouve-se uma voz que proclama a dignidade do Unigênito ali presente: *Tu és o meu Filho muito amado; em ti pus todo o meu enlevo* (Lc 3, 22). O Filho é batizado, o Espírito Santo apresenta-se em forma de pomba e ouve-se a voz do Pai. Revela-se a Santíssima Trindade, e assim, do mesmo modo, o cristão será batizado ao longo dos tempos no nome das Três Pessoas divinas, um só Deus.

Mas Jesus Cristo é *o Filho muito amado*. A solenidade das palavras do Pai mostra claramente, na linguagem bíblica, que Jesus Cristo não é mais um, nem sequer o mais excelente, dos filhos de Deus. Com toda a força e propriedade, Deus declara que Jesus é *o seu* Filho, o Unigênito, absolutamente distinto dos demais homens pela sua condição. Cumpre-se a profecia de Isaías: *Eis o meu [...] escolhido, em quem se compraz a minha alma; pus o meu espírito sobre ele; ele trará justiça às nações* (Is 42, 1). O Pai compraz-se no Filho. Rompe o seu silêncio, falando do alto dos céus, para nos manifestar o seu regozijo e para nos mostrar o Único que nos trará a *justiça*, a santidade de vida a todos os homens.

Olhar para Cristo, que é a alegria do Pai, em quem fomos elevados à condição de *participantes da natureza divina* (cf. 2 Pe 1, 4), deveria acender em nós o desejo de ser também motivo de alegria e orgulho para Deus. Não apenas no momento em que nos for julgar, mas também, e como garantia segura para isso, nas situações mais correntes da nossa vida. Deveríamos ver *a toda a hora*, pousado em nós, o olhar comprazido do nosso Pai-Deus, por só encontrar em nós motivos de júbilo.

Cristo, nosso Irmão mais velho, deu-nos exemplo de união com o Pai, de obediência amorosa ao que era *do seu agrado* (cf. Jo 8, 29), de aceitação da Cruz, para que seguíssemos os seus passos. E esse perfil é um convite permanente para que também nós, na vida diária de trabalho e de relacionamento, sejamos, como Ele, serenos perante as contrariedades, homens e mulheres de palavras confiáveis, constantes no espírito de serviço e de bem-fazer, alegres e sorridentes. Tudo isto – todo um cortejo maravilhoso de virtudes sobrenaturais e humanas – deve transluzir habitualmente no cristão que tem consciência da nobreza que lhe dá a sua condição de filho de Deus.

Maria deve ter tido conhecimento, por meio de João, filho de sua prima Isabel, do batismo do seu Filho nas águas do Jordão, da descida do Espírito Santo e das palavras vindas do céu. Sabia que era o sinal solene do início da missão de Jesus. E deve ter dado graças ao Todo-

-Poderoso repetindo as palavras do *Magnificat* que agora exultavam ante a iminência da intervenção salvífica de Deus junto dos homens: *Acolheu Israel, seu servo, recordando a sua misericórdia – conforme tinha dito aos nossos pais – em favor de Abraão e da sua descendência, para sempre* (Lc 1, 54-55).

SEGUNDO MISTÉRIO DA LUZ:
A AUTORREVELAÇÃO DE CRISTO NAS BODAS DE CANÁ (Jo 2, 1-11)[4]

I. Em Caná, uma cidade a pouca distância de Nazaré, onde vivia a Mãe de Jesus, realizava-se uma festa de casamento. Por amizade ou parentesco, Maria encontrava-se presente, como também Jesus, que fora convidado a participar da festa com os seus primeiros discípulos.

Nessas ocasiões, era costume que as mulheres amigas da família se encarregassem de preparar tudo. Começou a festa e, por falta de previsão ou por uma afluência inesperada de convidados, começou a faltar vinho. A Virgem Maria, que presta a sua ajuda, percebe o que se passa. Mas Jesus, seu Filho e seu Deus, está ali; acaba de iniciar-se o seu ministério público. E Ela sabe melhor que ninguém que o seu Filho é o Messias. E dá-se então um diálogo cheio

---

(4) Francisco Fernández-Carvajal, *Falar com Deus*, Quadrante, São Paulo, 2015, vol. III, 9.

de ternura e simplicidade entre a Mãe e o Filho: *A Mãe de Jesus disse-lhe:* «*Não têm vinho*» (cf. Jo 2, 1-12). Pede sem pedir, expondo uma necessidade. E desse modo nos ensina a pedir.

Jesus respondeu-lhe: «*Mulher, que nos importa isso a mim e a ti? Ainda não chegou a minha hora*». Parece que Jesus vai negar à sua Mãe o que Ela lhe pede. Mas a Virgem, que conhece bem o coração do seu Filho, comporta-se como se tivesse sido atendida e pede aos servos: *Fazei o que Ele vos disser.*

Maria é uma Mãe atentíssima a todas as nossas necessidades, de uma solicitude que mãe alguma sobre a terra jamais teve ou terá. O milagre acontece porque Ela intercedeu; só por isso. E assim Cristo antecipa a hora da sua revelação como Messias.

«Por que terão tamanha eficácia as súplicas de Maria diante de Deus? As orações dos santos são orações de servos, ao passo que as de Maria são orações de Mãe, e daí procedem a sua eficácia e o seu caráter de autoridade; e como Jesus ama entranhadamente a sua Mãe, não pode Ela suplicar sem ser atendida. Em Caná, ninguém pede à Santíssima Virgem que interceda junto do seu Filho pelos consternados esposos. Mas o coração de Maria, que não pode deixar de se compadecer dos infelizes, impele-a a assumir por iniciativa própria o ofício de intercessora e a pedir ao Filho o milagre. Se a Senhora procedeu assim sem que lhe tivessem dito nada, que teria feito se lhe tivessem pedido que intercedesse?»[5]. Que não fará quando –

---

(5) Santo Afonso Maria de Lígório, *Sermões abreviados*, 45: «Da confiança na Mãe de Deus».

tantas vezes ao longo do dia! – lhe dizemos «rogai por nós»? Que não iremos conseguir se recorremos a Ela?

Onipotência suplicante. Assim a chamou a piedade cristã, porque o seu Filho é Deus e não lhe pode negar nada. Maria está sempre atenta às nossas necessidades espirituais e materiais; deseja até, mais do que nós próprios, que não cessemos de implorar a sua intervenção diante de Deus em nosso favor. E nós somos tão remissos em pedir-lhe! Tão desconfiados e tão pouco pacientes quando o que lhe pedimos parece que tarda em chegar!

Não deveríamos suplicar o seu socorro com mais frequência? Não deveríamos implorar-lhe com outra confiança, sabendo que Ela nos conseguirá o que nos é mais necessário? Se conseguiu do seu Filho o vinho, que era dispensável, não haverá de remediar tantas necessidades urgentes como as que temos?

«Quero, Senhor, abandonar o cuidado de todas as minhas coisas nas tuas mãos generosas. A nossa Mãe – a tua Mãe! –, a estas horas, como em Caná, já fez soar aos teus ouvidos: – Não têm!...»[6].

II. Só em outra ocasião São João chama a Maria *Mãe de Jesus*: ao relatar-nos a cena do Calvário (cf. Jo 19, 25). Entre os dois acontecimentos – Caná e o Calvário – há diversas analogias. O primeiro está situado no começo e o outro no fim da vida pública de Jesus, como que para indicar que toda a obra do Senhor se desenvolve acompanhada pela presença de Maria. Os dois episódios indicam a especial solicitude de Santa Maria para com os homens;

---

(6) Josemaria Escrivá, *Forja*, 4ª ed., Quadrante, São Paulo, 2016, n. 807.

em Caná, intercede quando ainda *não chegou a hora* (cf. Jo 2, 4); no Calvário, oferece ao Pai a morte redentora do seu Filho e aceita a missão, que Jesus lhe confere, de ser a Mãe de todos os fiéis.

«Em Caná da Galileia, evidencia-se apenas um aspecto concreto da indigência humana, aparentemente pequeno e de pouca importância: *Não têm vinho*. Mas é algo que tem um valor simbólico: esse ir ao encontro das necessidades do homem significa, ao mesmo tempo, introduzir essas carências no âmbito da missão messiânica e do poder salvífico de Cristo. Dá-se, portanto, uma mediação: Maria põe-se de permeio entre o seu Filho e os homens na realidade das suas privações, das suas indigências e dos seus sofrimentos. Põe-se "de permeio", isto é, faz de medianeira, não como uma estranha, mas na posição de mãe, consciente de que como tal pode – ou antes, *tem o direito de* – tornar presentes ao Filho as necessidades dos homens»[7].

Diz o conhecido ditado: «O que Deus pode com seu império, tu o podes com a tua petição». Por serem petições de Mãe, os pedidos de Nossa Senhora têm até certo ponto o caráter de «ordem», e é impossível que Ela não seja ouvida quando roga.

«Senhora, uma vez que tens autoridade de Mãe diante de Deus, obtém o perdão para nós, pecadores, pois, como o Senhor te reconhece como verdadeira Mãe, não pode deixar de conceder-nos tudo o que pedires. Porventura não havia de ser coisa digna da benignidade do Senhor levar tanto em consideração a honra da sua Mãe, se Ele mesmo declarou ter vindo à terra, não para transgredir,

---

(7) João Paulo II, Encíclica *Redemptoris Mater*, 25.03.1987, 20.

mas para observar a Lei, e a Lei manda, entre outras coisas, honrar os pais?»[8].

Disse a sua Mãe aos servidores: *Fazei o que Ele vos disser*. E os servidores obedeceram com prontidão e eficácia: encheram *seis talhas de pedra para as purificações*, tal como o Senhor lhes dissera. São João indica que *as encheram até à borda*.

Tirai agora, disse-lhes Jesus, *e levai-o ao mestre-sala*. E o vinho foi o melhor de todos os que os convidados beberam. As nossas vidas, tal como a água, eram insípidas e sem sentido até que Jesus chegou a elas. Ele transforma o nosso trabalho, as nossas alegrias, as nossas penas; a própria morte se torna diferente junto de Cristo.

O Senhor só espera que cumpramos os nossos deveres *até a borda*, acabadamente, para depois realizar o milagre. Se os que trabalham na Universidade, nos hospitais, nas tarefas do lar, na economia, nas fábricas..., o fizessem com perfeição humana e espírito cristão, amanhã haveríamos de levantar-nos num mundo diferente. O mundo seria semelhante a uma festa de casamento, seria um lugar mais habitável e digno do homem, a que a presença de Jesus e de Maria teria conferido uma alegria especial.

«*Enchei de água as talhas*», diz-nos o Senhor. Não permitamos que a rotina, a impaciência e a preguiça nos façam deixar pela metade a realização dos nossos deveres diários. É muito pouco o que podemos oferecer a Deus, mas Ele quer dispor disso. O Senhor poderia ter realizado o milagre com talhas vazias, mas quis que os homens começassem por cooperar com o seu esforço e com os meios ao seu alcance.

---

(8) Cf. Santo Afonso Maria de Ligório, *Glórias de Maria*, 6, 1.

Que alegria a dos servidores obedientes e eficazes quando viram a água transformada em vinho! Foram testemunhas silenciosas do poder do Mestre. Que alegria não há de ser a nossa quando, pela misericórdia divina, contemplarmos no Céu todos os nossos afazeres convertidos em glória!

III. Jesus não nos nega nada; e concede-nos de modo particular tudo o que lhe pedimos através de sua Mãe. Ela se encarrega de endireitar as nossas súplicas se estão um pouco tortas, tal como fazem as mães. Sempre nos concede mais, muito mais do que pedimos, tal como aconteceu naquela festa em Caná da Galileia, em que teria bastado um vinho normal, até pior do que o que já se tinha servido, e muito provavelmente em quantidade bem menor, para satisfazer os convidados.

São João tem um interesse especial em sublinhar que se tratava de *seis talhas de pedra, com capacidade de duas ou três medidas cada uma*, para deixar clara a abundância do dom, tal como o fará ao narrar o milagre da multiplicação dos pães (Jo 6, 12-13), pois um dos sinais da chegada do Messias era a abundância. Os comentaristas calculam que Cristo converteu em vinho uma quantidade que oscila entre 480 e 720 litros, de acordo com a capacidade desses grandes recipientes judaicos.

Aqueles primeiros discípulos, entre os quais se encontrava São João, não saíam do seu assombro. O milagre serviu para que dessem um passo adiante na sua fé incipiente. Jesus confirmou-os na fé, tal como faz com todos aqueles que decidem segui-lo.

A fé não é apenas uma adesão da inteligência, uma convicção que se soma a tantas outras e aí fica, como mero depósito de conhecimentos. É *vida de fé*, que se tem de exercitar contra todas as aparências da impossibilidade de converter a água em vinho. Para quem crê que *o Senhor pode suscitar das pedras filhos de Abraão* (cf. Mt 3, 9), a vida transforma-se em cântico de otimismo e de antecipada vitória, precisamente quando não parece haver saída humana. O cristão que vive de fé não se queixa, não admite o desânimo e menos ainda o irremediável, e por essa fé está disposto a trabalhar e mesmo a morrer, como os Apóstolos. Sobretudo, se não se esquece de contar com a intercessão, sempre atenta, de sua Mãe Santa Maria. Diremos com São Bernardo: «Excelsa Mãe de Deus, fala, que o teu Filho escuta tudo aquilo que lhe pedes. Fala, pois; fala, advogada nossa, em favor de todos nós, que somos miseráveis. Lembra-te de que foste cumulada de tanto poder e de tanta dignidade para o nosso bem. Deus quis fazer-se teu devedor com esse fim, para que pudesses dispensar-nos a teu arbítrio as riquezas da divina misericórdia. [...]

«Somos grandes pecadores, mas Deus enriqueceu-te de tanto poder e tanta bondade que superam todas as nossas iniquidades. Tu podes e queres salvar-nos, e, quanto mais indignos somos disso, tanto mais esperamos de ti a nossa salvação, para podermos glorificar-te mais no céu, onde esperamos chegar com a tua intercessão»[9].

Fazei o que Ele vos disser. Foram as últimas palavras de Nossa Senhora registradas pelo Evangelho. E não poderiam ter sido melhores.

---

(9) São Bernardo, *Deprecatio et laus ad gloriosissimam Virginem*, ML 184, 1009-1014.

Terceiro mistério da luz:
ANÚNCIO DO REINO DE DEUS, CONVIDANDO À CONVERSÃO (Mc 1, Lc 4)

I. *Chegou o tempo e está próximo o Reino de Deus. Convertei-vos e crede no Evangelho* (Mc 1, 15). Assim inicia Jesus a sua pregação, depois de ter permanecido quarenta dias no deserto e ser tentado por Satanás. Entre tantas formas possíveis, essas foram as palavras que Ele quis que ficassem gravadas nos Evangelhos, como tema programático da sua pregação pública.

Já os Profetas tinham falado da necessidade de o povo de Israel se converter e abandonar os maus caminhos que vinha seguindo: *Casa de Israel, convertei-vos do vosso erro! Diz aos filhos do meu povo: Ainda que os vossos pecados se amontoem da terra até ao céu, ainda que sejam mais vermelhos que a púrpura e mais negros que o cilício, se voltardes para mim de todo o coração e disserdes: Pai!, Eu vos atenderei como a um povo santo* (cf. Sal 50). E agora Cristo, no começo da sua vida pública, insiste nessa necessidade, como condição prévia para receber o Reino de Deus: mudar de disposições e de vida para ir ao reencontro do Pai, rico em misericórdia.

Quem poderia afirmar que não precisa de conversão? *Se dissermos que não temos pecados, enganamo-nos a nós próprios, e a verdade não está em nós* (1 Jo 1, 8). Mais ainda. Diz João Paulo II: «O autêntico conhecimento de Deus, Deus de misericórdia e de amor benigno, é uma fonte constante e inexaurível de conversão, não somente como momentâneo ato interior, mas também como *disposição permanente*, como estado de espírito. Aqueles que assim chegam ao conhecimento de Deus, aqueles que assim o "veem", não podem viver de outro modo que não seja convertendo-se a Ele continuamente. Passam a viver *in statu conversionis*, em estado de conversão; e é este estado que constitui a característica mais profunda de todo o homem sobre a terra *in statu viatoris*, em estado de peregrino»[10].

Este *estado de conversão* é uma exigência íntima que experimentam não somente os que se encontram em situação de pecado, mas – tanto ou ainda mais – aqueles que experimentam a proximidade do Reino de Deus. Quanto mais uma alma se afina no relacionamento com Deus, mais sente a sua condição de pecador, a infinita distância que a separa da indizível santidade divina, e a fragilidade da sua natureza inclinada ao pecado a todo o momento. Não apenas pelo seu passado «cego e maldito», mas pela sua indigência atual. Sabe-se a cada instante em risco de cair na situação do filho pródigo, da ovelha tresmalhada, daquele homem que pedia a cura do seu filho e confessava a sua pouca fé: *Senhor, eu creio, mas ajuda a minha incredulidade...*

---

(10) Cf. João Paulo II, Enc. *Dives in misericordia*, 30.11.1980, n. 13.

E pede a graça desse *estado de conversão* com a humildade do centurião que se reconhece indigno de que Deus vá a sua casa, com a importunidade da siro-fenícia, com a esperança silenciosa da hemorroíssa e a fé impressionante do bom ladrão diante de Jesus moribundo e aparentemente fracassado. E as palavras que mais lhe acodem aos lábios e ao coração são os atos de contrição: «Senhor, perdoa-me porque não sei o que faço (cf. Lc 23, 34). Ou melhor, porque *sei*, sim...» E desse modo obtém de Deus, rico em misericórdia, a paz e a segurança.

II. Prevendo os desvios e quedas dos seus filhos, no mau uso da sua liberdade, o Senhor instituiu um Sacramento que tem por objeto curar as feridas do pecado, restabelecer os pecadores na graça e fortalecer nela os que somos fracos. *Aqueles a quem perdoardes os pecados, ser-lhes-ão perdoados, e aqueles a quem os retiverdes, ser-lhes-ão retidos* (Jo 20, 23), disse o Senhor aos Apóstolos – e, neles, a todos os seus sucessores – quando lhes conferiu o assombroso poder de perdoar em seu nome os pecados. Um poder que não deu aos Anjos nem a Maria Santíssima, mas que reservou unicamente aos seus ministros: «Eu te absolvo dos teus pecados – diz o sacerdote, não só em nome de Cristo, mas na própria pessoa de Cristo: "*Eu*". Vai em paz e não tornes a pecar».

Quem pode perdoar os pecados senão só Deus? (Mc 2, 7), perguntavam-se, escandalizados, os escribas, ao verem Jesus absolver os pecadores. Para os que têm o dom da fé, talvez não haja outro sacramento que desperte tanta gratidão e tanta piedade comovida. Grandes são os sacramentos com que Cristo nos eleva à dignidade de filhos de Deus e no-la confirma; inefável é o sacramento em que – sempre que o recebemos com as devidas disposições – Ele nos alimenta com a sua carne imaculada; mas por acaso não será mais comovente ainda o sacramento da penitência, pelo qual Jesus vai em busca do cristão que o traiu, do soldado que desertou das suas fileiras, do filho que, depois de ter comido durante anos à sua mesa, se afastou para compartilhar das bolotas dos porcos[11], do doente que – como diz Santa Teresa – não se deixa tratar, antes pelo contrário ama a sua doença?

Não há melhor remédio para os males e doenças do espírito que a confissão sacramental bem feita, sincera, completa, contrita. Jesus espera-nos nesse sacramento do amor misericordioso, não apenas para nos lavar com o seu preciosíssimo Sangue dos pecados mortais, mas para nos fortalecer com esse banho salutar contra as faltas leves de pura fragilidade e robustecer-nos contra os futuros ataques da tentação e da tendência para o pecado. Quanto mais contritos e humildes nos aproximarmos deste sacramento, mais jorrará sobre nós o Sangue de Cristo derramado na Cruz, deixando-nos reconciliados, fortalecidos e santificados. Por isso, a confissão frequente, mesmo sem haver faltas graves, foi sempre aconselhada como meio eficacíssimo de corrigir os defeitos e más inclinações e de robustecer as virtudes.

Entende-se assim o apelo a Maria contido nas palavras do Papa: «Maria, em virtude da sua maternidade divina, tornou-se a aliada de Deus na obra da reconciliação. Às mãos desta Mãe, cujo *fiat*, na expressão de muitos auto-

---

(11) Cf. Gabriel de Santa Maria Madalena, *Intimidade divina*, 73, 1.

res, assinalou o início da "plenitude dos tempos", e ao seu Coração Imaculado, confio agora de modo especial esta intenção: que, por sua intercessão, a humanidade descubra e percorra o caminho da penitência, o único que a poderá reconduzir à plena reconciliação!»[12].

III. ... *e crede no Evangelho* (Mc 1, 15) é a segunda parte das palavras com que Cristo inicia a sua pregação. É um termo explicitado por São Paulo (Rom 1, 1; 2 Cor 11, 7) como equivalente ao de «Evangelho de Jesus Cristo».

O Evangelho, a *boa nova* que Cristo veio trazer à terra, resume-se na sua doutrina, nos seus gestos e na entrega da sua Pessoa, que Ele quis deixar registrados nos textos inspirados do Novo Testamento para que servissem de *caminho, verdade e vida* (cf. Jo 14, 6), não só aos homens que o viram, mas aos de todas as gerações até o fim dos séculos.

Não nos foi dado outro nome debaixo dos céus pelo qual possamos ser salvos (At 4, 12). Este é o fim para o qual se encaminham a conversão e o «estado de conversão». Por isso São João dirá mil vezes que não existe para o ser humano outro meio de alcançar a Vida senão permanecendo em Cristo como o ramo unido à videira. E Jesus alegrar-se-á, na oração sacerdotal da Última Ceia, de ver os seus discípulos fiéis até a última hora: *O próprio Pai vos ama, porque me amastes e crestes que vim de junto de Deus* (Jo 16, 27).

Jesus Cristo é nosso contemporâneo, *meu* contemporâneo. Se não sinto ao meu lado o seu olhar, o seu alento, a sua palavra, não sou cristão; posso ter o nome, mas não

---

(12) João Paulo II, Exort. Apost. *Reconciliação e Penitência*, 2.12.84, n. 35.

sou cristão. E é precisamente essa palavra, e são esses gestos e reações os que encontramos nos Evangelhos. Só amamos aquilo que conhecemos bem; não deveríamos, em consequência, ter fome de lê-los e meditá-los diariamente?

Comentando o episódio em que o Apóstolo Filipe, explicando numa viagem ao etíope, ministro da rainha Candace, uma passagem de Isaías, lhe anuncia Jesus (cf. At 8, 27-35), diz São João Crisóstomo: «Considerai como é importante não desleixar-se em ler a Escritura até mesmo numa viagem [...]. Pensem nisto aqueles que nem sequer em casa a leem. Porque estão com a mulher, ou porque militam no exército ou estão preocupados com os familiares e ocupados em outros assuntos, julgam que não lhes convém fazer esse esforço. Esse bárbaro etíope é um exemplo para nós. Aprendam todos que nenhuma circunstância é impedimento para a leitura, que é possível realizá-la não só em casa, mas na praça, em viagem, em companhia de outras pessoas ou no meio de uma ocupação»[13].

Na parábola do rico epulão e Lázaro, em que aquele, sofrendo as penas do inferno, pede a Abraão que envie Lázaro aos seus irmãos para que os previna do destino que os espera se não se corrigem, Abraão responde ao infeliz: «*Têm Moisés e os Profetas; que os ouçam!*» Ele, porém, replicou: «*Não, pai Abraão, mas, se alguém do seio dos mortos for ter com eles, hão de arrepender-se*». Este respondeu-lhe: «*Se não ouvem Moisés e os Profetas, também não se hão de convencer se ressuscitar alguém dentre os mortos*» (Lc 29, 30).

Ora, *Deus, tendo falado outrora muitas vezes por meio dos Profetas, ultimamente, nestes dias, falou-nos por meio do*

---

(13) São João Crisóstomo, *Homílias sobre o Gênesis*, 35.

seu Filho (Heb 1, 1). «Estes dias» são também os nossos. Jesus Cristo continua a falar, e as suas palavras, por serem divinas, são sempre atuais. O Evangelho traz-nos Cristo vivo, e a nós cabe-nos procurá-lo, vê-lo e ouvi-lo nas suas páginas, desde que nasce na gruta de Belém até que morre na Cruz e depois ressuscita e sobe aos céus.

E devemos lê-lo não apenas para conhecer, mas para viver o que ali se narra, pois não há situação na nossa vida que de algum modo não encontre eco no texto sagrado e do qual não possamos tirar critério, fortaleza e esperança: «O Senhor chamou-nos, a nós católicos, para que o seguíssemos de perto; e, nesse Texto Santo, encontras a Vida de Jesus; mas, além disso, deves encontrar a tua própria vida»[14]. E aos poucos faremos realidade o anelo daquela alma de oração que dizia: «Nas intenções, seja Jesus o nosso fim; nos afetos, o nosso Amor; na palavra, o nosso assunto; nas ações, o nosso modelo»[15]. Teremos alcançado a conversão – o «estado de conversão» – e crido – eficazmente – no Evangelho.

---

(14) Josemaria Escrivá, *Forja*, n. 754.
(15) Josemaria Escrivá, *Caminho*, 11ª ed., Quadrante, São Paulo, 2016, n. 271.

Quarto mistério da luz:
A TRANSFIGURAÇÃO (Mt 17, Mc 9, Lc 9)[16]

I. O Evangelho relata-nos que, em Cesareia de Filipe, Jesus declarou aos seus discípulos que iria sofrer e padecer em Jerusalém, e que morreria às mãos dos príncipes dos sacerdotes, dos anciãos e dos escribas. Os Apóstolos ficaram aflitos e tristes com a notícia. Pouco depois, Jesus tomou consigo Pedro, Tiago e João, e levou-os a um lugar à parte para orar (cf. Mc 9, 2; Lc 9, 28). Eram os três discípulos que seriam testemunhas da sua agonia no Horto das Oliveiras. *Enquanto orava, o seu rosto transformou-se e as suas vestes tornaram-se resplandecentes* (Lc 9, 29). E viram-no conversar com Elias e Moisés, que apareceram nimbados de glória e lhe falaram da sua morte, que havia de ocorrer em Jerusalém (cf. Lc 9, 31).

São Leão Magno diz que «o fim principal da transfiguração foi desterrar das almas dos discípulos o escândalo

---

(16) Francisco Fernández-Carvajal, *Falar com Deus*, Quadrante, São Paulo, 2016, vol. II, 12.

da Cruz»[17]. Os Apóstolos jamais esqueceriam essa «gota de mel» que Jesus lhes oferecia no meio da sua amargura. Muitos anos mais tarde, São Pedro ainda recordará de modo nítido esses momentos:... *quando do seio daquela glória magnífica lhe foi dirigida esta voz*: «*Este é o meu Filho muito amado, em quem pus todo o meu afeto*». *Esta voz, que vinha do céu, nós a ouvimos quando estávamos com Ele no monte santo* (2 Pe 1, 17-18). Jesus sempre atua assim com os que o seguem. No meio dos maiores padecimentos, dá-lhes o consolo necessário para continuarem a caminhar.

Essa centelha da glória divina inundou os Apóstolos de uma felicidade tão grande que fez Pedro exclamar: «*Senhor, é bom permanecermos aqui. Façamos três tendas*»... Pedro quer prolongar a situação. Mas, como dirá mais adiante o Evangelista, *não sabia o que dizia*; pois o que é bom, o que importa, não é estar aqui ou ali, mas estar sempre com Cristo, em qualquer parte, e vê-lo por trás das circunstâncias em que nos encontramos. Se estamos com Ele, tanto faz que estejamos rodeados dos maiores consolos do mundo ou prostrados na cama de um hospital, padecendo dores terríveis. O que importa é somente isto: vê-lo e viver sempre com Ele. Esta é a única coisa verdadeiramente boa e importante na vida presente e na outra.

Escuto no meu coração: procurai a minha face. Eu procurarei a tua face, Senhor, não me escondas a tua face, diz o Salmo (Sal 26, 8-9). E noutra passagem: *Vultum tuum, Domine, requiram*: Desejo ver-te, Senhor, e procurarei o teu rosto nas circunstâncias habituais da minha vida.

---

(17) São Leão Magno, *Sermão 51 sobre a Quaresma*, 3.

II. Comentando essa passagem do Evangelho, São Beda diz que o Senhor, «numa piedosa autorização, permitiu que Pedro, Tiago e João fruíssem durante um tempo muito curto da contemplação da felicidade que dura para sempre, a fim de fortalecê-los perante a adversidade»[18]. A lembrança desses momentos ao lado do Senhor no Tabor foi sem dúvida uma grande ajuda nas várias situações difíceis por que esses três Apóstolos viriam a passar.

A vida dos homens é uma caminhada para o Céu, que é a nossa morada (cf. 2 Cor 5, 2). Uma caminhada que, às vezes, se torna áspera e difícil, porque com frequência devemos remar contra a corrente e lutar com muitos inimigos interiores ou de fora. Mas o Senhor quer confortar-nos com a esperança do Céu, de modo especial nos momentos mais duros ou quando se torna mais patente a fraqueza da nossa condição: «À hora da tentação, pensa no Amor que te espera no Céu. Fomenta a virtude da esperança, que não é falta de generosidade»[19].

No Céu, «tudo é repouso, alegria, regozijo; tudo é serenidade e calma, tudo paz, resplendor e luz. Não é uma luz como esta de que gozamos agora, a qual, comparada com aquela, não passa de uma lâmpada ao lado do sol. Porque lá não há noite nem tarde, frio nem calor, mudança alguma no modo de ser, mas um estado tal que somente o entendem os que são dignos de gozá-lo. Não há ali velhice, nem achaques, nem nada que se assemelhe à corrupção, porque é o lugar e aposento da glória imortal. E, acima de tudo, é o convívio e o gozo eterno com Cristo, com os anjos, todos perpetuamente unidos num sentir co-

---

(18) São Beda, *Comentário sobre São Marcos*, 8, 30; 1, 3.
(19) Josemaria Escrivá, *Caminho*, n. 139.

mum, sem medo das investidas do demônio nem das ameaças do inferno e da morte»[20].

A nossa vida no Céu estará definitivamente livre de qualquer possível temor. Não passaremos pela inquietação de perder o que temos, nem desejaremos ter nada de diferente. Então poderemos dizer verdadeiramente com São Pedro: *Mestre, é bom estarmos aqui!* «Vamos pensar no que será o Céu. *Nem olho algum viu, nem ouvido algum ouviu, nem passaram pelo pensamento do homem as coisas que Deus preparou para os que o amam* (cf. 1 Cor 2, 9). Imaginamos o que será chegar ali e encontrar-nos com Deus, e ver aquela formosura, aquele amor que se derrama sobre os nossos corações, que sacia sem saciar? Eu me pergunto muitas vezes ao dia: o que será quando toda a beleza, toda a bondade, toda a maravilha infinita de Deus se derramar sobre este pobre vaso de barro que sou eu, que somos todos nós? E então compreendo bem aquela frase do Apóstolo: *Nem olho algum viu, nem ouvido algum ouviu...* Vale a pena, meus filhos, vale a pena»[21].

O pensamento da glória que nos espera deve espicaçar-nos na nossa luta diária. Nada vale tanto como ganhar o Céu. «E se fordes sempre avante com esta determinação de antes morrer do que desistir de chegar ao termo da jornada, o Senhor, mesmo que vos mantenha com alguma sede nesta vida, na outra, que durará para sempre, vos dará de beber com toda a abundância e sem perigo de que vos venha a faltar»[22].

---

(20) São João Crisóstomo, *Epístola I a Teodoro*, 11.
(21) São Josemaria Escrivá, in Vice postulação da causa de beatificação e canonização de Mons. Escrivá, *Folha Informativa*, n. 1, pág. 5.
(22) Santa Teresa de Ávila, *Caminho de perfeição*, 20, 2.

III. *Uma nuvem os encobriu* (cf. Mc 9, 7). Essa nuvem evoca-nos aquela que acompanhava a presença de Deus no Antigo Testamento: *Então a nuvem cobriu a tenda de reunião e a glória do Senhor encheu o tabernáculo* (Ex 40, 34-35). Era o sinal que acompanhava as intervenções divinas: *Então o Senhor disse a Moisés*: «*Eis que vou aproximar-me de ti na obscuridade de uma nuvem, a fim de que o povo veja que Eu falo contigo e também confie em ti para sempre*» (Ex 19, 9). Essa nuvem envolve agora Cristo no Tabor e dela surge a voz poderosa de Deus Pai: *Este é o meu Filho muito amado*; *ouvi-o*.

E Deus Pai fala através de Jesus Cristo a todos os homens de todos os tempos. A sua voz faz-se ouvir em todas as épocas, sobretudo através dos ensinamentos da Igreja, que «procura continuamente as vias para tornar próximo do gênero humano o mistério do seu Mestre e Senhor: próximo dos povos, das nações, das gerações que se sucedem e de cada um dos homens em particular»[23].

Eles levantaram os olhos e não viram mais ninguém a não ser Jesus (Mt 17, 8). Elias e Moisés já não estavam presentes. Só veem o Senhor: o Jesus de sempre, que por vezes passa fome, que se cansa, que se esforça por ser compreendido... Jesus sem especiais manifestações gloriosas. Normalmente, os Apóstolos viam o Senhor assim; vê-lo transfigurado foi uma exceção.

Nós devemos encontrar esse Jesus na nossa vida corrente, no meio do trabalho, na rua, nos que nos rodeiam, na oração, quando nos perdoa no sacramento da Penitência, e sobretudo na Sagrada Eucaristia, onde se encontra

---

(23) João Paulo II, Ene. *Redemptor hominis*, 4.3.1979, 7.

verdadeira, real e substancialmente presente. Devemos aprender a descobri-lo nas *coisas ordinárias*, correntes, fugindo da tentação de desejar o extraordinário.

Não devemos esquecê-lo nunca: esse Jesus que esteve no Tabor com aqueles três privilegiados é o mesmo que está ao nosso lado diariamente. «Quando Deus vos concede a graça de sentir a sua presença e deseja que lhe faleis como ao amigo mais querido, esforçai-vos por expor os vossos sentimentos com toda a liberdade e confiança. *Ele antecipa-se a dar-se a conhecer aos que o procuram* (Sab 6, 14). Sem esperar que vos aproximeis, antecipa-se quando desejais o seu amor, e apresenta-se concedendo-vos as graças e remédios de que necessitais. Só espera de vós uma palavra para demonstrar que está ao vosso lado e disposto a escutar e consolar: *seus ouvidos estão atentos à oração* (Sal 33, 16). Há momentos que os amigos deste mundo passam juntos conversando, mas há horas em que estão separados; entre Deus e vós, se quiserdes, jamais haverá um momento de separação»[24].

Não é verdade que a nossa vida seria diferente se atualizássemos com mais frequência essa presença divina no quotidiano, se procurássemos dizer mais jaculatórias, fazer mais atos de amor e de desagravo, mais comunhões espirituais...? «Para o teu exame diário: Deixei passar alguma hora sem falar com meu Pai-Deus?... Conversei com Ele, com amor de filho? – Podes!»[25].

---

(24) Santo Afonso Maria de Ligório, *Como conversar familiarmente com Deus*, Crítica, Roma, 1933, n. 63.
(25) Josemaria Escrivá, *Sulco*, n. 657.

Quinto mistério da luz:
A INSTITUIÇÃO DA EUCARISTIA
(Mt 26; Mc 14, Le 22)

I. *Chegou o dia dos Ázimos, em que devia imolar-se a Páscoa. Jesus enviou então Pedro e João, dizendo: «Ide preparar-nos a Páscoa, para que a possamos comer»* [...]. *Quando chegou a hora, pôs-se à mesa, e com ele os Apóstolos. Disse-lhes então: «Tenho desejado ardentemente comer convosco esta Páscoa, antes de padecer, pois vos digo que já não a comerei até que tenha pleno cumprimento no reino de Deus»* (Lc 22, 14-16).

Era a ceia de despedida, na véspera da Paixão e Morte do Senhor na Cruz, e Ele iniciou-a com um gesto desconcertante, em que o seu coração ardia como uma fornalha de amor: lavou os pés aos Apóstolos. E, *depois de lhes lavar os pés, de retomar as vestes e de se pôr de novo à mesa, disse-lhes: «Compreendeis o que vos fiz? Vós chamais-me Mestre e Senhor, e dizeis bem porque o sou. Ora, se eu vos lavei os pés, também vós deveis lavar os pés uns aos outros»* (Jo 12, 15).

Era, naqueles instantes de últimas recomendações, o preceito do amor mútuo tantas vezes repetido pelo Senhor ao longo dos anos de convívio, e que agora se materializava num gesto absolutamente insólito, pelo qual seriam reconhecidos todos os que o seguissem.

E tão surpreendente e mais inaudito, revelação de tanto amor, ia ser o que fez durante a refeição: *Tomou então um pão e, depois de dar graças, partiu-o e deu-lho, dizendo: «Isto é o meu corpo, que vai ser dado por vós; fazei isto em memória de mim». E após a ceia, fez o mesmo com o cálice, dizendo: «Este é o cálice da nova Aliança no meu sangue, que será derramado por vós»* (Lc 22, 20).

Assim o Senhor antecipava sacramentalmente o que menos de vinte e quatro horas depois levaria a cabo. E não pedia aos discípulos que repetissem o seu gesto a modo de símbolo e recordação – como faziam e fazem os judeus, rememorando a aliança com Deus no Sinai e a libertação do cativeiro em Israel –, mas como a *renovação*, a reapresentação sacramental, do Sacrifício do Calvário. Quando o sacerdote, no momento da Consagração na Santa Missa, repete as palavras de Cristo, faz-se presente *aqui e agora*, de modo incruento, a obra da nossa redenção operada *naquele lugar e então*, como se desaparecessem os vinte séculos que nos separam do Calvário.

Podemos dizer, com as palavras agradecidas de São Paulo, que Cristo *me amou e se entregou por mim* (cf. Gal 2, 20), não outrora, mas *hoje*, porque hoje *eu* preciso que Ele me resgate dos meus pecados, sempre repetidos numa monotonia ingrata e loucamente inconsciente. Reabre-se e fortalece-se para mim o caminho do desligamento das coisas da terra e do progresso para a plenitude da filiação divina: «Amas a terra? – exclama Santo Agostinho. Serás terra. Amas a Deus? Que te direi? Que serás Deus? Não me atrevo a dizê-lo, mas é a Escritura que te diz: *Eu disse: sereis deuses e todos filhos do Altíssimo* (Sal 81, 6)»[26]. O Corpo e o Sangue de Cristo, atual e perpetuamente sacrificados pela instituição da Eucaristia, são o penhor da minha redenção e da minha esperança como filho de Deus que agora sou.

II. Esse sacrifício, expressão da Nova Aliança de Deus com os homens, renova-se sempre que o sacerdote celebra a Santa Missa. Por isso, o Sacrifício do Altar é o centro e o cume da vida da Igreja e da vida dos cristãos.

Um autor antigo dava ao sacerdote celebrante um conjunto de recomendações que, devidamente adaptadas, podem ajudar-nos a viver mais intensamente de fé e de amor nesse momento tão grande: uma vez pronunciadas as palavras que tornam presente Cristo sobre o altar, «deves penetrar – diz esse autor – com os olhos da fé no que se esconde sob as espécies sacramentais. Ao dobrares o joelho, olha com os olhos da fé o exército dos anjos que te rodeia e, com eles, adora Cristo, com uma reverência tão profunda que humilhes o teu coração até o abismo. Na elevação, contempla Cristo suspenso da Cruz e pede-lhe que atraia a Si todas as coisas. Faz atos intensíssimos de fé, esperança, adoração, humildade..., dizendo com a mente: *Meu Senhor e meu Deus!* Mas, de modo especial, quando levantas o cálice, lembra-te com dor e lágrimas de que o sangue de Cristo foi derramado por ti e de que, com fre-

---

(26) Santo Agostinho, *Comentário à Carta de São João aos Partos*, 2, 14.

quência, tu o desprezaste; adora-o como compensação pelos desprezos passados»[27].

Deveria servir-nos de censura e incentivo esta consideração de São Josemaria Escrivá, quando escreve:

«Não estranhei nada quando, há alguns dias, certa pessoa me comentava de um sacerdote exemplar, falecido recentemente: – Como era santo!

«– Conhecia-o bem?, perguntei-lhe.

«– Não – respondeu-me –, mas vi-o uma vez celebrar a Santa Missa»[28].

E em outro lugar, o santo Fundador do Opus Dei escreve de forma contundente: «A Missa é comprida, dizes, e eu acrescento: porque o teu amor é curto»[29].

Mas, pela Santa Missa, o Verbo feito carne não somente renova o seu ato de entrega por nós, como nos permite participar dele intimamente pela recepção do seu Corpo e do seu Sangue através da Sagrada Comunhão, sempre que tenhamos as devidas disposições. E assim não só encontramos a graça, mas nos unimos ao próprio Autor de toda a graça.

«Quem, portanto, deveria ser mais puro do que aquele que desfruta deste sacrifício? – pergunta São João Crisóstomo. Que raios de sol deveriam ser mais resplandecentes do que a mão que corta esta Carne, do que a boca que se enche deste fogo espiritual, do que a língua que se enrubesce como este Sangue insuperavelmente vene-

---

(27) Cardeal Bona, *O sacrifício da Missa*; cit. por Francisco Fernández-Carvajal, *Falar com Deus*, Quadrante, São Paulo, 2018, vol. IV, 36, II.
(28) Josemaria Escrivá, *Forja*, n. 645.
(29) Josemaria Escrivá, *Caminho*, n. 529.

rável? Consideremos a honra que nos é concedida, a mesa de que desfrutamos. Os anjos contemplam este alimento assombroso; o que eles não se atrevem a olhar face a face sem temor, pelo esplendor que irradia, disso nós nos alimentamos. Com isso nos unimos estreitamente a Cristo e chegamos a ser com Ele um só corpo e um só sangue. *Quem contará as maravilhas do Senhor e fará ouvir todos os seus louvores?* (Sal 105, 2)»[30].

A preparação para a Comunhão deveria levar-nos a avivar o desejo de receber o Senhor tal como o fizeram os grandes santos, de recebê-lo como o recebeu Santa Maria, sua Mãe, com a sua «pureza, humildade e devoção». Recebê-lo como se fosse a *primeira* vez da nossa vida, a *última* vez da nossa vida, a *única* vez da nossa vida.

E, diante desse Cristo que acabou de misturar o seu Sangue e o seu Corpo com os nossos, fazendo-nos seus *consanguíneos e concorpóreos*, devemos compreender que nos coube a sorte e a responsabilidade de ser outros Cristos na vida diária, no pensar, no agir, nos sentimentos, nas pequenas e grandes situações, fazendo do dia inteiro, de ponta a ponta, uma Eucaristia, uma ação de graças.

III. Mas Jesus não se limitou a dar-se a nós na Santa Missa e na Sagrada Comunhão. As suas delícias eram permanecer constantemente *entre os filhos dos homens* (cf. Prov 8, 31), seus semelhantes, e a Igreja, que inicialmente dispôs que se conservassem partículas consagradas durante a Missa, para que se pudesse administrar a Comunhão aos enfermos, estabeleceu depois que o Santíssimo Sacramento fos-

---

(30) São João Crisóstomo, *Homílias sobre São Mateus*, 82, 1-6.

se reservado nos sacrários das igrejas, para que pudéssemos visitar o Senhor, fazer-lhe companhia, desabafar, pedir-lhe luz e forças, agradecer-lhe, pedir-lhe perdão...

Jesus disse a Tomé que são mais felizes aqueles que, sem o terem visto com os olhos da carne, no entanto o veem com os olhos da fé. No fundo, a situação daqueles que conviveram com o Senhor, que conversaram com Ele, é a mesma que a nossa. O que conta decisivamente é a fé. Por isso escreve Santa Teresa: «Quando ouvia algumas pessoas dizer que quereriam ter vivido no tempo em que Cristo nosso Bem andava no mundo, ria-me de mim para mim. Parecia-me que, possuindo-o no Santíssimo Sacramento tão verdadeiramente como então, que diferença faz?»[31]. E o Santo Cura d'Ars sublinha que nós temos até mais sorte do que aqueles que viram o Senhor durante a sua vida terrena, pois às vezes tinham de andar horas ou dias para encontrá-lo, ao passo que nós o temos tão perto em cada sacrário[32].

Hoje, ao considerarmos uma vez mais essa acessibilidade de Jesus, o mesmo que está no Céu, fazemos o propósito de viver muito unidos ao sacrário mais próximo. Dizemos: «Senhor, nós procuraríamos a tua presença por muitas salas que tivéssemos de fazer, por muitas audiências que tivéssemos de pedir. Mas não é preciso pedir nenhuma! És tão todo-poderoso, também na tua misericórdia, que sendo o Senhor dos Senhores e o Rei dos que dominam, te humilhas até esperares como um pobrezinho que

---

(31) Santa Teresa de Ávila, *Caminho de perfeição*, 34, 6.
(32) São João Maria Batista Vianney, *Sermão sobre a Quinta-feira Santa*.

se arrima à ombreira da nossa porta. Não esperamos nós; és Tu que nos esperas constantemente»[33].

«Não podemos passar como cegos diante do Amigo», diz o Papa Paulo VI[34]. Entremos por uns breves minutos numa igreja que esteja no nosso percurso habitual para ir ao trabalho ou voltar de lá. E, entretanto, no meio das nossas lides profissionais, vamos até lá em pensamento e com o afeto: «Acorre perseverantemente ao Sacrário, de modo físico ou com o coração, para te sentires seguro, para te sentires sereno: mas também para te sentires amado... e para amar»[35].

E junto de Jesus, com certeza encontraremos de alguma forma Maria e José. Pois se a missão que eles tiveram na terra foi cuidar dEle, não deixarão de continuar a cumprir essa missão, agora que o Senhor no sacrário está tão ou mais esquecido e inerme do que em Belém.

---

(33) São Josemaria Escrivá, cit. por Salvador Bernal, *Perfil do Fundador do Opus Dei*, Quadrante, São Paulo, 1977, págs. 417-418.
(34) Paulo VI, *Audiência geral*, 13.01.1971.
(35) Josemaria Escrivá, *Forja*, n. 837.

Mistérios da dor

Primeiro mistério da dor:
JESUS ORA NO HORTO E SUA SANGUE
(Mt 26; Mc 14; Lc 22; Jo 18)

I. Consideremos agora como o divino Salvador, depois de ter lavado os pés dos seus Discípulos, instituído na presença deles o Santo Sacramento do seu Corpo e do seu Sangue, e depois de ter feito o seu discurso mais terno e sublime – a oração sacerdotal (cf. Jo 17, 1-26) – entrou com eles no Horto de Getsêmani, no Monte das Oliveiras, a fim de poder ser encontrado mais facilmente pelos seus inimigos. Ali, disse-lhes: *Sentai-vos aqui enquanto vou ali orar.* [...] *Vigiai e orai para não cairdes em tentação* (Mt 26, 36 e 41).

Espontaneamente, porque o tinha querido, oferecera-se para fazer a vontade do Pai eterno, e assim a cumpriu de modo que a sua Paixão satisfizesse ao mesmo tempo a justiça de Deus e nos impelisse a amá-lo. Este foi o único fim dos seus sofrimentos: o amor.

Jesus *começou a entristecer-se e a angustiar-se* (Mt 26, 37). Este Filho amoroso não quis sacrificar apenas o seu corpo inteiro, mas também toda a alma com as suas potências; assim, quis começar o sacrifício da Redenção por esta parte mais nobre do seu ser. Por isso, antes de chegarem os seus inimigos, privou a sua santa Humanidade do sustento que recebia da Divindade; e descobrindo-lhe ao mesmo tempo tudo aquilo que devia sofrer, reduziu-a a uma agonia mortal.

Apresentaram-se vivamente à sua alma todos os sofrimentos que teria de suportar no corpo: os flagelos, os espinhos, os cravos, a cruz, o fel e o vinagre; e os sofrimentos da alma: a traição de Judas, a fuga vergonhosa dos discípulos, a apostasia de Pedro, as calúnias dos sacerdotes, as injustiças dos seus juízes, as ferocidades dos soldados, as ignomínias à sua pessoa, o desprezo pelos seus ensinamentos e milagres, o triunfo dos inimigos, as blasfémias da canalha, o abandono do Pai sobre a cruz e a visão angustiante da sua Mãe dolorosa!

De repente, o medo e o desespero, o desgosto e a amargura, o abatimento e a tristeza tomaram posse da sua alma a ponto de ameaçar-lhe a vida. Disse então aos Apóstolos: *A minha alma está triste até a morte* (Mt 26, 38). Como pôde chegar a tamanha desolação o coração atormentado do meu amável Redentor? Quem o forçou a experimentar antecipadamente os horrores e as angústias da morte? Esse tormento, que foi o primeiro da Paixão, foi também sem dúvida o mais violento, porque conseguiu arrancar do Senhor o pedido de que o Pai afastasse dEle semelhante cálice. *Prostrou-se com o rosto por terra e orou dizendo*: *Meu Pai, se é possível afasta de mim este cálice!* Mas acrescentou imediatamente: *Não se faça, porém, como eu quero, mas como Tu queres* (Mt 26, 39).

E, agora, prestemos atenção: o nosso Jesus volta para junto dos Discípulos a fim de buscar conforto, mas encontra-os adormecidos por causa da angústia. *Vindo aos Discípulos, encontrou-os dormindo, e disse a Pedro: «Não pudestes velar uma hora comigo? Vigiai e orai para não cairdes em tentação; o espírito está pronto, mas a carne é fraca». De novo, pela segunda vez, foi orar dizendo: «Meu Pai, se isto não pode passar sem que eu o beba, faça-se a tua vontade»* (Mt 26, 40-42). E ainda voltou a fazer o mesmo uma terceira vez.

A sua tristeza aumentou de tal forma que antes parecia a agonia de um homem moribundo do que a dor normal de um homem que sofre. *Cheio de angústia, orava com mais intensidade* (Lc 22, 44). O confronto que experimentava agora, entre a parte inferior da alma, cheia de repugnância, e a superior, repleta de submissão, foi a causa de um suor de sangue tão abundante que, depois de haver embebido as suas vestes, correu também para a terra sobre a qual orava. Assim se abandonou a si mesmo Aquele que a todos defende; assim ficou em absoluta desolação Aquele que a todos consola. E assim se verificaram as palavras do Profeta real: *Esperei em vão quem tivesse compaixão de mim, quem me consolasse, e não o encontrei* (Sal 68, 21).

Meu aflitíssimo Salvador, é assim que queres ganhar o meu amor? Assumindo a mesma fraqueza e miséria dos homens? Para te tornares verdadeiro consolador e fiel companheiro dos aflitos? Quantos ensinamentos maravilhosos Tu me transmites neste mistério!

II. Quatro foram as causas dessa tristeza mortal do Senhor:

1º *A condenação de inúmeras almas, apesar da duríssima morte que haveria de sofrer por elas.* «Considera diz-nos o Senhor – que martírio e dor experimentei ao ver que tantos membros meus estariam separados de mim, quantas almas se condenariam, e que cada membro se separaria tantas vezes de mim quantos seriam os seus pecados mortais». A enormidade e a quase infinita multidão dos pecados do mundo estavam distintamente presentes ao espírito de Cristo, com uma clara visão da Majestade divina ofendida por tantos delitos, tornados ainda mais graves pelo desprezo do amor divino. Mais ainda, o Senhor sabia também que bem poucos homens tirariam proveito do remédio preparado para todos pelo seu amor. Não era, pois, nestes pontos que encontrava consolação, mas apenas na perfeita conformidade com os decretos imutáveis do Pai, que queria que Ele sofresse também por aqueles a quem o seu sofrimento não traria nenhum benefício.

2º *Os pecados e os sofrimentos de todos os eleitos.* «Todos os eleitos que alguma vez pecaram mortalmente diz-nos também Jesus – afligiram-me e crucificaram-me quando se separavam de mim. Mas senti e experimentei também todas as amarguras, os martírios, as penitências, as tentações, as infâmias que sofreram na sua vida, e igualmente as penas do seu Purgatório, como as de outros tantos membros do meu Corpo».

3º *Os sofrimentos que teria de causar: à Santíssima Virgem, sua Mãe,* que Ele amava com um amor infinito; *aos seus caros e amados Apóstolos e discípulos,* que Ele amava mais que um pai aos seus filhinhos; e *à sua discípula Madalena,* que, embora soubesse menos de Jesus do que João, mesmo assim sofreu mais do que todos os discípulos com a Paixão e Morte de Cristo.

4º *A ingratidão dos homens: tanto dos judeus, prediletos de Deus e beneficiados com mil prodígios, como do seu amado discípulo, o traidor Judas; e igualmente a ingratidão de todos os homens que, piores do que Judas, viriam a traí-lo por uns vis prazeres e por interesses mais vis ainda.* Jesus, ajoelhado diante de Judas, o traidor, tinha-lhe lavado os pés, abraçara-o e beijara-o com a máxima ternura, dizendo-lhe com o coração palavras de inefável carinho. E nele estávamos representados todos nós, pecadores.

Senhor, que parte não tive eu na tua tristeza! Que dor não terão provocado no teu puríssimo e inocente coração os meus pecados, as minhas recaídas, as minhas infidelidades, as minhas pusilanimidades! Infeliz de mim! Então não serei nunca para ti ocasião de alegria e de consolo? Como as causas dos meus sofrimentos são diversas daquelas que provocaram a tua mortal tristeza!

Coração amargurado do meu Deus, quiseste com a tua tristeza e o teu suor de sangue expiar a louca segurança dos ímpios e a insensata tranquilidade com que tantos pecadores dormem sobre o seu pecado sem temerem as surpresas da morte temporal e eterna. Tu quiseste expiar os gostos pecaminosos, os prazeres destemperados, os desejos de vida acomodada, as falsas esperanças a que eu abandono o meu coração, mesmo quando são contrárias à tua Lei. Quiseste satisfazer pelas incoerências do meu coração e pelas minhas confissões sem dor íntima. Quiseste igualmente santificar em mim e em todos precisamente os mesmos sentimentos de tristeza, de temor, de amargura, de desgosto e de melancolia que eu experimento no caminho da minha vida, consolar-me quando os sofro e merecer-me a graça de suportá-los com paciência, com resignação, com alegria. Quiseste fortalecer-me, como fortaleceste tantos mártires que desafiaram a morte, e animar-me a fazer penitência como inspiraste tantos outros fiéis a exercitar-se em ásperas mortificações.

Como é suave, bom e piedoso o teu amor! Coração dulcíssimo de Jesus, como te agradeço por teres sofrido tanto!...

III. O Salvador quis experimentar esses sofrimentos extremos para que conhecêssemos o valor da penitência dos sentidos, das humilhações e de tudo o que contradiz o amor-próprio. E também para nos ensinar que ninguém jamais será julgado pela fraqueza da carne formada do barro, mas segundo a obediência da vontade, que tanto agrada a Deus. É verdade que Ele sofreu uma tristeza mortal, mas uma tristeza proporcionada à sua virtude, para nos mostrar que Deus, que distribui da melhor maneira as misérias desta vida, não permitirá nunca que sejam superiores às nossas forças.

O Salvador quis dar-nos a conhecer em si mesmo duas vontades opostas: uma, a da humana fraqueza, que foge do sofrimento e procura o prazer; a outra, a da conformidade com a vontade de Deus. Por isso, o cristão não deve considerar-se inimigo de Deus quando a sua carne se revolta contra o espírito e reclama os seus direitos; antes deve empenhar-se em submetê-la, e persuadir-se de que a natureza não prejudica em nada o homem interior, enquanto for devoto da Lei de Deus com todas as forças da sua vontade.

O anjo desceu do Céu para consolar Cristo, não porque lhe faltasse a força necessária para combater a sua natural fraqueza, mas para mostrar a todos os que sofrem que o seu consolo e a sua força devem vir do Céu. O Senhor não se esquece de ninguém que esteja atribulado; antes, onde há tribulações, ali está Deus.

Finalmente, o Filho orou ao Pai – embora soubesse que não haveria de ser dispensado dos seus sofrimentos – para nos ensinar esta verdade tão necessária: que o socorro divino não consiste em libertar-nos das tribulações que permite que passemos, mas em fazer com que as soframos com humilde submissão e com total conformidade com os seus desígnios, permanecendo sempre unidos a Ele pelo amor.

Segundo mistério da dor:
A FLAGELAÇÃO DE JESUS
(Mt 22; Mc 15; Lc 22)

I. Jesus diante dos tribunais. Acompanhemos o nosso amável Jesus nos dolorosos caminhos que teve de percorrer nessas horas de atrozes sofrimentos. Esbofeteado em casa de Anás, passou para a de Caifás, onde foi injuriado, declarado blasfemo e réu de morte, e por fim lançado numa prisão onde, até o amanhecer, esteve exposto aos desprezos, às cusparadas e aos golpes da soldadesca insolente.

Quando se fez dia, arrastado pelas ruas, passou dos tribunais judeus às mãos de Pilatos e de Herodes. Este último considerou-o louco; e, como tal, o Senhor, coberto de uma veste branca, foi exposto ao ludíbrio e à derrisão de um povo enlouquecido. O nosso Jesus, sempre humilde, sempre paciente, fez-se conduzir como manso cordeiro para o lugar onde a perfídia dos homens e o furor de Satanás iam atormentá-lo.

Consideremos como, diante dos gritos, das calúnias, dos desprezos, Ele permanece em silêncio. Jesus cala-se para nos ensinar que, quando somos acusados ou caluniados, devemos abandonar-nos em Deus e, por amor a Ele, não procurar outra justificação a não ser o silêncio: *como um cordeiro conduzido ao matadouro, como a ovelha muda diante dos tosquiadores* (Is 53, 7). Assim conseguiremos a paz do coração. Quantos santos, quantos homens de paz não gerou este silêncio de Jesus!

Misericórdia, Senhor, misericórdia! Eu estou carregado de pecados, e Tu és a própria inocência: e mesmo assim, amas aqueles que te tratam tão indignamente, a ponto de morrer por eles! Quanto a mim, continuarei a alimentar os sentimentos de rispidez e de animosidade despertados pelas menores injúrias? Tu permites que todos te julguem, e eu não quero ser julgado por ninguém? Quando verei transformado o meu coração, ó infinita Bondade?

Confesso diante de ti, meu Deus, meu Salvador, meu Mestre, a minha ingratidão, o meu orgulho e a minha presunção: desejo, com a tua graça, imitar-te e sofrer em silêncio todo o tipo de penas e injúrias que me sejam feitas. Perdoo de todo o coração aqueles que me ofenderam e ofenderão: por amor de ti, dispenso-os de restituir-me a honra que me tenham tirado, e não quero outra honra que não a de servir-te e amar-te.

Destrói em mim todo o sentimento de raiva e vingança, dilata o meu coração com a tua caridade, para que chegue a amar-te sem reservas, e em ti ame todos aqueles que me perseguem, *contente de ter sido considerado digno de padecer ultrajes pelo nome de Jesus* (cf. At 5, 41).

II. O Senhor é tirado da prisão e arrastado ignominiosamente pelas ruas de Jerusalém, para torná-lo odioso e desprezível aos olhos do povo, que costuma julgar as coisas pelas aparências. Chamam-lhe maldito, sedutor, louco. Entregue a uns guardas carniceiros, insultado e ridicularizado, é conduzido através de Jerusalém até a casa de Pilatos. Não ouve senão blasfêmias. É puxado com cordas, espicaçado com lanças, forçado a caminhar sem repouso, exausto pelo cansaço e pelos sofrimentos de uma noite inteira de tormentos.

Assim o viu o Profeta real: *Sou um verme, não um homem, o opróbrio de todos e a abjeção da plebe* (Sal 22, 7). Deste modo, do Horto ao Calvário, fizeram-no percorrer seis trajetos em menos de doze horas, e em todos o Mestre demonstrou a sua inalterável paciência, a sua profunda humildade, a sua caridade infinita, a sua inacreditável penitência.

É hora de acordarmos e de sairmos da languidez e letargia em que jazemos: olhemos para as santas mulheres que, com Maria, percorrem as ruas de Jerusalém, banhando-as com as suas lágrimas e enchendo o ar com os seus suspiros. Reconheçamos a mais bela entre as criaturas, a mais santa entre as mulheres, a mais aflita entre as mães, reconheçamos Maria, a Mãe de Jesus, a nossa amada Mãe, que vai à procura do amado da sua alma, e percorre as praças perguntando se alguém o terá visto.

Mansíssima Maria, perseveraste toda a noite em dolorosa oração, enquanto não sabias que o teu Filho tinha sido entregue às mãos dos pecadores. Mas depois que foi preso e encerrado numa prisão, exposto às injúrias e desonras cometidas pelos soldados, e Tu ouviste de João a notícia dos seus tormentos e a condenação à morte proferida pelo Sinédrio, quem poderá exprimir as aflições do teu coração?

Mas Tu, sempre conformada com a vontade de Deus, não te entregaste a nenhum desses lamentos exagerados comuns nas mulheres aflitas; e, embora por dentro fosses crucificada por uma dor indizível, não deixavas aparecer por fora senão uma perfeita submissão. *Eis a serva do Senhor*, repetias, *faça-se em mim segundo a tua palavra* (Lc 1, 28).

Ainda não nasceu o sol e já deixaste a tua morada para encontrar Jesus e segui-lo até a cruz. E eis que, na esquina da rua que conduz ao palácio de Pôncio Pilatos, aparece uma vaga de povo agitado. É uma multidão imensa que arrasta entre gritos de desprezo e urros de blasfêmias um homem carregado de correntes, com as mãos presas atrás das costas, o rosto inchado, os cabelos desgrenhados, a face desfigurada por cusparadas e por sulcos de sangue, tanto que não é possível reconhecê-lo. Mas as veementes batidas do teu coração, Senhora, fazem-te adivinhar que o teu Filho inocente se encontra no meio daquela turba feroz.

Entre as maldições do populacho e o triunfo dos seus inimigos, sob aquela veste de ignomínia, o Filho de Deus, manso nos ultrajes, tranquilo nos embates, não murmura nem se lamenta de nada. Esse Cordeiro divino, cercado de lobos, desejava ver a sua santa Mãe; porque os que amam, quando se encontram mergulhados na aflição, costumam sentir mais ao vivo a ausência dos seus amigos e desejam ardentemente a sua presença, mesmo que signifique um acréscimo das próprias dores. Mas Tu, Virgem bendita, não pudeste ver o teu Filho, nem recebeu Ele este conforto. Deixa que eu permaneça contigo até que possas vê-lo de novo e consolar-te com Ele.

III. A flagelação. Consideremos como Pilatos, tendo declarado a inocência de Jesus e ao mesmo tempo querendo satisfazer o povo, condena o inocente a ser flagelado em público para subtraí-lo à morte. Que bela justiça! Condenar um inocente apenas para contentar o ódio dos seus acusadores!

Fizeram o Senhor entrar no Pretório, despojaram-no das suas vestes sem que Ele dissesse uma só palavra ou mostrasse qualquer resistência. Agora Cristo oferece ao Pai Eterno, com o coração repleto de amor, aquela Carne inocente que devia ser lacerada e aquele sangue precioso que há muito tempo desejava derramar por nós. A seguir, amarram-no a uma coluna e, sem levar em consideração a Lei dos judeus, que proibia de dar mais de quarenta chibatadas, mas seguindo a lei dos romanos, que não limitava o número, não cuidam senão de dar largas ao seu furor.

Toda uma coorte de soldados circunda o lugar, formando um cerco de ferro, e dois fortes algozes empunham uns flagelos de couro e de cordas providas de nós. Observemos Jesus de pé, amarrado à coluna, como se fosse culpado de todos os delitos que lhe tinham imputado. Quem poderia dizer quanto sofre agora de vergonha e dor? Desde os primeiros golpes, aquela carne virginal fica inchada, rasgada, sulcada, e de toda a parte jorra o sangue. Os flagelos arrancam pedaços de carne; e os golpes que caem sobre chagas vivas produzem continuamente novas feridas sobre aquelas que já tinham sido feitas.

Golpeiam-no sem medida, mas Ele não se queixa. Dilaceram-no tão cruelmente que todo o seu corpo já não passa de uma única chaga. Divino Jesus, que tormento cruel e vergonhoso quiseste sofrer por nós, a que te submeteste para expiar os nossos prazeres culpáveis? Como poderia eu voltar a ofender-te? Meu Deus, como pude merecer que sofresses tanto por mim?

Tinhas previsto tudo pela boca dos teus Profetas: *Sobre o meu dorso lavraram os pecadores, abriram nele longos sulcos* (Sal 128, 3)... *Deus entrega-me aos perversos [...] abre em mim ferida sobre ferida* (Jó 16, 11.14)... *Da planta dos pés ao alto da cabeça não há nele nada são, tudo é uma ferida [...] uma chaga viva, nem curada, nem vendada, nem suavizada com óleo* (Is 1, 6). *Foi torturado pelos nossos crimes e esmagado pelas nossas iniquidades* (Is 53, 5). Ó meu Deus, tudo isso pelos nossos pecados! Por um criminoso como eu, suportaste semelhante suplício? Por mim, réu de tantos pecados, sofreste dores tão excessivas?

Que coisa devo fazer então, meu Salvador, por ti, e para expiar os meus delitos? Tu és para mim o modelo da penitência, e foi de ti que todos os santos aprenderam a domar o seu corpo e a submetê-lo ao espírito. Porque, enquanto estivermos nesta vida, a nossa alma não terá inimigo maior que a nossa carne. Esta, sempre rebelde, não quer saber nem de freios nem de jugos; sem conter-se, segue as suas inclinações terrenas, que os sentidos favorecem; tende com tanta violência para os objetos que deseja que o espírito muitas vezes é oprimido por ela, e só ela nos cria mais sofrimentos do que todos os nossos outros inimigos reunidos.

Em sentido contrário, as grandes austeridades praticadas pelos cristãos depois da vinda de Cristo, desconhecidas nos séculos anteriores, tiveram em vista mortificar continuamente os sentidos por temor de tudo aquilo que, no ver, no escutar, no dizer e no saborear alguma coisa, pudesse contaminar a pureza do seu coração.

É preciso prevenir a tentação e a queda com a mortificação do corpo. O próprio Apóstolo São Paulo dizia: *Cas-*

tigo o meu corpo e o submeto à servidão (1 Cor 9, 27). Se toda a santidade de Davi e toda a sabedoria de Salomão não puderam impedi-los de cair, porque se deixaram seduzir pelos prazeres dos sentidos, qual não será a sorte daqueles que se ocupam a vida toda em procurar aquilo que pode contentar o próprio corpo? Precisamente para expiar e conter esta desordem tão comum entre os homens, o Salvador quis que a sua carne inocente fosse tão cruelmente dilacerada.

Terceiro mistério da dor:
JESUS COROADO DE ESPINHOS
(Mt 27; Mc 15; Jo 19)

I. Consideremos como os carrascos, cansados de flagelar o Salvador, o soltam da coluna todo banhado em sangue. Olhemos para o nosso Jesus, ferozmente dilacerado, o corpo convertido numa só chaga, procurar à sua volta as vestes que os soldados, por raiva e malícia, tinham largado aqui e ali ao despojá-lo. O Senhor tem de atravessar todo o Pretório e sofrer, ao passar, as burlas e insolências daqueles indignos que à crueldade acrescentavam agora os insultos.

Cristo suporta esses ultrajes como tinha suportado os açoites: com uma mansidão, modéstia e paciência invencíveis; e, tendo por fim encontrado as suas roupas, tornou a vestir-se. Embora estivesse num estado que moveria à compaixão mesmo os corações mais duros, nem assim se enterneceram aqueles lobos impiedosos; e, para atormentá-lo novamente, inventam um gênero de suplícios que era desconhecido até então: a coroação de espinhos.

Eis o efeito que o pecado produz na alma de quem o comete com insolência e prazer. Um pecado cometido deixa atrás de si o desejo de cometer outros. Mesmo que a pessoa esteja cansada de cometer determinado pecado, nunca chega a ficar saciada dele; e embora tenha perdido até a capacidade de cometê-lo, conserva a inclinação para pecar.

Uma das maiores ilusões dos pecadores é acreditar que se libertarão da tentação satisfazendo-a. Sucede precisamente o contrário: cometer o pecado só faz crescer em nós a inclinação que nos leva a ele, porque, segundo a observação de São Gregório[1], o pecado que não é destruído pela penitência arrasta-nos com o seu peso a outro pecado. A alma que, ao pecar, perde a graça de Deus, perde também a força de resistir às ocasiões de pecado; e quando o corpo experimentou o prazer de seguir as más inclinações, torna-se menos capaz de se dominar.

Foi por isso que aqueles canalhas chegaram a perder todo o sentimento de humanidade. Os judeus tinham acusado Jesus de ter querido fazer-se e dizer-se rei dos judeus. Ora, uma vez que o castigaram e infamaram, expõem-no como rei de burla às vaias do povo.

Entremos também nós no pátio do Pretório: unamo-nos a Maria, que, fiel companheira das dores e ignomínias de Jesus, se encontra também Ela aqui, no meio da plebe furibunda, e ouve os seus gritos e blasfêmias. Peçamos-lhe a graça de compreender este profundo mistério e de tirar proveito dele, e procuremos suavizar em parte a sua dor.

Voltam a tirar, pois, as vestes de Jesus, já aderidas às chagas recém-abertas pela flagelação, e o seu sangue torna

---

(1) *Moralia*, 12.

a escorrer de todos os membros. Cobrem-no com um manto esfarrapado de cor púrpura, tecem uma coroa de longos ramos entrelaçados, armados de espinhos duros e agudíssimos, e põem-na sobre a sua cabeça: e, para que não caia, fincam-na furiosamente à força de pauladas. Os espinhos penetram, por todos os lados, pela fronte e pelas têmporas, e o sangue cobre o rosto, o pescoço; aqueles espinhos produzem no Senhor dores extremamente agudas, que durarão todo o tempo até Ele morrer.

Que sofrimento! Se um só espinho se nos fincasse na cabeça, como nos sentiríamos? E certamente, como afirma Santo Anselmo, a venerável cabeça de Cristo, o mais belo e o mais delicado dentre os homens, foi perfurada em mil pontos. Verdadeiramente, Ele nos amou e *tomou sobre si as nossas enfermidades e carregou com os nossos sofrimentos* (Is 53, 4).

II. Jesus deixa-se coroar como os seus carrascos queriam, sem dizer uma só palavra, sem oferecer a menor resistência, com uma paciência sobre-humana; fechando os olhos por força daquela dor extrema, oferece tudo ao Pai Eterno. Também nisto se cumpre a palavra do Profeta Isaías: *Apresentei* [...] a *face aos que me arrancavam a barba, não desviei o rosto dos ultrajes e dos escarros* (Is 50, 6). Aqui, Cristo não tinha os olhos vendados como na casa de Caifás: aqui podia ver as insultuosas reverências que lhe faziam e os golpes que lhe preparavam.

Tudo sofreu em profundo silêncio, com inalterável paciência: *Despojando-o das vestes, lançaram-lhe em cima um manto de púrpura. Tecendo uma coroa de espinhos, puseram-lha na cabeça, e na mão direita uma cana; e, dobrando o joelho diante dEle, escarneciam-no dizendo*: «*Salve, rei dos judeus!*» *E, cuspindo nEle, tomavam a cana e feriam-no com ela na cabeça* (Mt 27, 28-30).

E tudo isto não nos diz nada, almas pecadoras soberbas e vis? Consideremos como são enormes os nossos pecados, se tiveram de ser expiados com uma punição e um castigo tão severos permitidos pelo Pai Eterno! Cristo unia as suas lágrimas ao seu sangue, derramando-os por nós. Assim expiava as molícies do nosso corpo, os prazeres da carne culpada, o luxo das nossas roupas, a vaidade que delas tiramos e o orgulho que nos inspiram.

Assim expiava igualmente esse desejo de dominar que se encontra em todos os corações. Assim expiava todos os pecados que concebemos e alimentamos nas nossas cabeças prevaricadoras, na memória, na imaginação, no espírito. Assim o nosso Salvador amoroso expiava os cuidados idólatras com que tantas pessoas mundanas se dedicam a adornar a sua cabeça orgulhosa e pecadora, desejosas de expô-la ao olhar do público, e essa ânsia de arrastar um grupo de adoradores atrás de si, quando tudo isso não passa de pó.

Ao mesmo tempo, Cristo merecia-nos assim a graça da paciência e da mortificação, a graça de desprezar o mundo desfigurado pelo pecado, as suas vaidades e toda a sua glória. Merecia-nos a graça da humildade. Nas tentações, nos projetos de riqueza, de ambição, de vingança, nos pensamentos ou nas imaginações impuras, pensemos em Jesus coroado de espinhos.

Meu Salvador, como é grande a parte que tive nesses sofrimentos que suportaste no Pretório! Fui eu que te pus essa coroa de espinhos, que te saudei por derrisão, que te cuspi no rosto, que te bati na cabeça, que fiz jorrar o teu sangue e te causei dores tão cruéis. Com que gratidão não deverei corresponder-te agora?

III. *Saiu, pois, Jesus com a coroa de espinhos e o manto de púrpura, e Pilatos disse-lhes: «Eis o homem!» Ao vê-lo, os príncipes dos sacerdotes e os servos clamaram, dizendo: «Crucifica-o, crucifica-o!»* (Jo 19, 5-6). Meu divino Jesus, não quero mais crucificar-te. Adoro-te como meu verdadeiro Rei, reconheço o meu soberano Senhor no meio de todas essas chagas, no meio desses opróbrios de que quiseste ser coberto para revestir-me de glória. Não bastava o sangue que escorria de todo o teu corpo, meu Salvador, sem que fosse necessário derramar ainda o da cabeça?

A cabeça é a parte pela qual se distinguem os homens, onde se encontram os traços da pessoa, onde se reúnem todos os sentidos e os órgãos da vida, onde se manifesta a beleza, onde transparecem a saúde e a doença, a alegria e a tristeza, e todos os sentimentos da alma juntos. E essa foi precisamente a parte que o Senhor deixou que ferissem com espinhos e banhassem de sangue. E será por esses sinais que terei de reconhecer-te, amável Esposo da minha alma, *o mais belo dos filhos dos homens* (Sal 44, 3).

Adoro-te, Deus do meu coração; adoro o amor inefável que te reduziu a tal estado, e rendo-te infinitas graças por tantas misericórdias. Que miserável sou! Será que tudo isto não basta para fazer-me amar a cruz, as injúrias, os opróbrios e tudo aquilo que me torna semelhante a ti, Deus da minha alma? Quando vêm os sofrimentos, fico apavorado; se perduram, fico abatido; quando me vejo livre deles, alegro-me com isso.

Quando destruirás, meu Deus, a fraqueza da minha carne com a força do teu amor? Todos os meus pensamentos acabam por voltar-se para as comodidades do meu corpo, as doçuras desta vida, a vaidosa estima que tenho por mim mesmo, o prazer que me dão os louvores dos homens. Esqueço então como sou miserável aos teus olhos. Quando me odiarei a mim mesmo até o ponto que mereço? Tu és coroado de espinhos, e eu fujo de tudo aquilo que me causa a menor pena!

Santíssima Mãe de Deus, perfeita imitadora do Salvador, como estás oprimida pela angústia! Se o teu Filho inocente é coroado de espinhos, que será de mim, que sou todo orgulho e moleza? Ajuda-me, Refúgio dos pecadores, a imitar os exemplos do Senhor; obtém-me a vontade e a força para suportar todas as dores com que Ele queira afligir-me, porque sei muito bem que não posso ser de Deus sem cruz e sem espinhos.

Meu Anjo da Guarda, e vós, anjos da paz, que vedes o meu Salvador desfigurado e coberto de sangue, e que vedes com clareza o preço dos espinhos do meu Senhor, tende piedade de uma alma pecadora e miserável, que busca no lugar do seu exílio aquilo que só pode encontrar-se na pátria, quando, para ser coroada convosco de glória no Céu, precisa ser coroada de espinhos na terra! Amém.

Quarto mistério da dor:
JESUS, CONDENADO À MORTE, LEVA SOBRE OS OMBROS A SUA CRUZ
(Mt 27; Mc 15; Lc 23; Jo 19)

I. Jesus é condenado à morte. Consideremos como Pilatos, intimidado, procurou três vezes libertar Jesus, e três vezes o povo pediu em altos gritos a sua morte: «*Fora, fora! Crucifica-o!*» (Jo 19, 15). Pilatos podia fazer justiça; no entanto, enquanto declara Jesus inocente, liberta Barrabás e, por vil respeito humano, entrega Jesus aos seus inimigos para que o crucifiquem.

Um arauto anuncia que, por ordem do Imperador e conforme as leis romanas, Jesus de Nazaré, por ter querido fazer-se rei dos judeus, é condenado a morrer sobre uma cruz entre dois ladrões, destinados ao mesmo suplício por causa dos seus latrocínios.

Esse é o momento em que o nosso Jesus, o nosso Deus, o nosso Criador, o Salvador dos homens, é sentenciado a ser morto pelas mãos desses mesmos homens sobre um patíbulo infame. Quem poderá escutar essa cruel sentença de morte sem horrorizar-se? E nós, que fazemos?

Comecemos desde o princípio por pedir a Nossa Senhora que se digne aceitar que a acompanhemos no doloroso caminho que Ela percorrerá hoje com o seu Filho até o Calvário. Maria, Mãe das dores, não ouves os furibundos gritos de morte contra o teu Filho? Que te retém no meio dessa turba desumana? Como podes resistir a tanta ferocidade? Pois o teu Jesus, vida da tua vida, Rei dos céus e da terra, Criador dos homens, a única esperança dos pecadores, é condenado à morte!

Os seus inimigos recebem a sentença com alegria, os seus amigos e discípulos consternam-se com ela; mas o Cordeiro inocente, apesar da repugnância da natureza e da dor por uma injustiça tão grande, aceita também a morte com afetuosa obediência!

Que dores cruciantes as que experimentaste no teu coração, meu Jesus! Sentiste a extrema ingratidão desse povo que grita: *Não temos outro rei senão César* (Jo 19, 15). *Que o seu sangue recaia sobre nós e sobre os nossos filhos* (Mt 27, 25). Povo ingrato! Que lição terrível é esta que temos de aprender! Quantas vezes atribuímos ao demônio ou à fragilidade da carne os pecados que cometemos unicamente por nossa livre vontade!

Da mesma forma, aquela multidão, cegada pelo ódio, considerou pouca coisa tomar sobre si e sobre os seus filhos o sangue do Filho de Deus. Os gritos confusos da multidão uniam-se à voz dos nossos pecados, que já então estavam presentes diante do Pai Eterno, para lhe pedir a morte do Salvador, carregado com os pecados do mundo. Foi o que levou São Paulo a dizer que aqueles que pecam tornam a crucificar Cristo (cf. Heb 6, 6), porque renovam a causa da sua morte.

Perdoa-me, meu Deus, porque sou mais malvado do que esse povo. Eles não querem ver-te porque não te conhecem; e eu, que creio em ti, que te adoro, que te confesso como quem és, quantas vezes desviei de ti os olhos quando te apresentavas diante de mim para atrair-me a ti? Remedeia esta desordem, Senhor, faz com que nunca mais te perca de vista, e que Tu sejas sempre o objeto dos meus olhares, dos meus desejos, do meu amor.

Ouçamos também nós, pecadores, a voz do arauto; observemos como os soldados se ocupam dos preparativos para executar a feroz sentença. No meio desse tumulto, reparemos no silêncio, na paz, na mansidão e na caridade do Senhor, que ouve tudo, vê tudo, sofre tudo, sem lamentar-se e sem mostrar nenhum sinal de impaciência. Deus da minha alma, como posso ver o que vejo e ouvir o que ouço? Tu, falso Rei? Tu, o fiel Amigo das nossas almas, um traidor? Digno de morte, Tu, autor da vida? Eu sou réu de culpas enormes, e o réu há de viver enquanto o Inocente morre? O Senhor, perder a vida para conservar a do escravo?

Amor divino, amor puro, como não me consomes com as tuas chamas? Por que não me sujeitas inteiramente a ti, Coração onipotente que te sacrificas por mim?

II. O Senhor carrega a cruz. Para que fosse reconhecido por todos, arrancam-lhe com violência o velho manto, reabrindo assim as suas chagas, e tornam a vestir-lhe a túnica. Como era sem costura, e não aberta pela frente, foi preciso passá-la por cima da cabeça, mas não passou sem provocar grandes dores, porque se enredou nos espinhos; onde a coroa foi asperamente mexida, renovou-se a dor das feridas e o sangue começou a escorrer novamente.

Quando tudo estava preparado, o Salvador saiu da casa de Pilatos no meio de uma dupla fila de soldados que empurravam a multidão para trás, e, ao sair, encontrou a cruz que estava preparada para ele. A morte na cruz era o mais infamante de todos os suplícios; destinava-se aos escravos ou aos culpados expostos à execração pública, a tal ponto que ninguém se aproximava dela por medo da infâmia. E foi essa longa e pesada cruz que impuseram sobre as costas marcadas e diladeradas de Jesus!

Mas Jesus não recuou diante dela! Sempre a tinha considerado como uma esposa que lhe era cara, como o refúgio dos seus amigos, como a estrela que devia guiar os seus eleitos entre os escolhos deste mundo, como o troféu da sua glória e o eterno monumento do seu amor. Assim que foi conduzido até a cruz, fixou nela os olhos e o coração, e disse-lhe, não com palavras, mas com a alma:

— Ó cruz amável e voluntariamente querida, por quem suspirei ao longo de toda a minha vida! Tu és a esposa que me foi prometida e para conquistar-te servi trinta e três anos. Tu és a dispensadora dos meus bens, o troféu das minhas vitórias, a glória e a coroa do meu amor. Chegou o dia em que vamos estar estreitamente unidos. Tu serás o estandarte dos meus eleitos, que não chegarão à glória se não for por ti. Tu és a glória dos meus servos: quem se gloriar em ti será honrado; quem tiver vergonha de ti cairá na infâmia. Hoje tu me acolherás entre os teus braços e Eu te banharei com o meu sangue, e assim te tornarás a Mãe de todas as nações. Vem, portanto, minha fiel companhia, caminhemos juntos para o Calvário, onde devo sofrer a morte, que fará com que arranquem o meu corpo dos teus braços, mas não te tirará o meu coração. Serás o terror do inferno e a alegria do Paraíso. Aqueles que me buscarem e quiserem seguir-me tomar-te-ão por guia e obterão por teu intermédio tudo o que desejarem de mim.

Com esses sentimentos de estima e de amor à cruz, Ele deixou que lha carregassem; abraçou-a com ternura e dessa forma nos precedeu a todos, como cabeça e modelo dos predestinados. E como não havia ali ninguém superior à sua Virgem Mãe, deu-lhe o primeiro lugar debaixo desse estandarte. Ela o seguiu pelas ruas de Jerusalém. E enquanto Jesus carregava sobre as costas a pesada cruz, Ela carregava outra – e não menos dolorosa – no coração.

Desta forma, Deus quer ensinar-nos três verdades: primeiro, que é um favor excelso poder levar a cruz atrás dEle; segundo, que todo aquele que está sem cruz deve considerar-se distante desses dois modelos de perfeição que são Jesus e Maria; terceiro, que é imensa a cegueira de quem não deseja e não compreende esta felicidade. Jesus quer que o vejam carregado com a sua cruz em pleno meio-dia, com as suas vestes habituais, observado por todo o povo, passando pelas ruas mais frequentadas de Jerusalém, da casa de Pilatos até o Calvário, para reafirmar com o seu exemplo aquilo que tinha ensinado com a doutrina: *Quem não carrega a sua cruz e me segue não é digno de ser meu discípulo* (cf. Mt 10, 38).

III. Jesus carrega a cruz. Consideremos o nosso Salvador que sai do Pretório vergado sob o peso enorme, enfraquecido pelos maus tratos e pela perda de sangue, a tal ponto que mal consegue ter-se em pé. É nesse estado que caminha para o Calvário, precedido de um arauto e dos dois ladrões que devem ser crucificados com Ele, cercado pelos soldados que o maltratam continuamente e seguido pelos sacerdotes, pelos doutores da Lei, pelos fariseus e pelos príncipes dos judeus, que não querem deixá-lo senão depois de o haverem visto expirar.

Ofegante, banhado em suor, o nosso Redentor perde a respiração, e todas as suas chagas se reabrem por causa dos esforços que faz. Por fim, mal sai da cidade, não podendo mais, sucumbe sob a cruz e cai com o rosto por terra. Os soldados enchem-no de pauladas e lançam-lhe mil ameaças para forçá-lo a levantar-se; mas os judeus, temendo que morra antes de terem tido o bárbaro prazer de crucificá-lo, tendo encontrado Simão de Cirene, que vinha do campo, obrigaram-no a tomar a cruz de Cristo e levá-la até o Calvário.

Seguia-o uma grande multidão de povo e de mulheres, que batiam no peito e se lamentavam por Ele. Voltando-se para elas, Jesus – mais preocupado com os nossos males do que com as suas próprias dores – *disse-lhes*: «*Filhas de Jerusalém, não choreis por mim, chorai antes por vós mesmas e pelos vossos filhos* [...]. *Porque, se assim se trata o lenho verde, que se fará com o seco?*» (Lc 23, 27-28.31).

Nesse meio tempo, Maria, fazendo um percurso mais breve, como pensa São Boaventura, acha um lugar onde encontrar-se com o seu Filho, que devia passar por ali. Ele chega, mas ai!, as feridas, os inchaços, o sangue enegrecido fazem-no parecer um leproso. Nossa Senhora olha para Ele, dividida entre o amor e o temor, e Jesus, talvez tirando um grumo de sangue dos olhos, olha para a sua

Mãe. Olhares de dor que esquartejaram os dois Corações mais nobres, mais amorosos e mais santos que jamais houve.

«Meu Filho!...», deve ter dito a Mãe amargurada, e não terá dito mais porque o seu sofrimento era tão veemente que, se fosse dividido entre todas as criaturas – afirma São Bernardino de Sena –, teria bastado para fazê-las todas morrer de amargura. Já o Profeta Jeremias tinha dito: *Vós todos que passais pelo caminho, olhai e vede se há dor igual à minha dor* (Lam 1, 12). Nossa Senhora quereria abraçar o seu Filho, mas o dolorido Senhor é afastado com injúrias e empurrado para a frente. Maria segue-o.

Santa Cruz, consagrada pelos suores e pelo sangue do meu Salvador, também eu te abraço. Tu serás o meu refúgio, a minha luz, a minha ciência e toda a minha sabedoria. Não me abandones, não te afastes nunca de mim, por mais que a minha carne te tema e fuja de ti. Em ti se encontra a salvação, a vida, a vitória sobre os espíritos malignos, a alegria do coração, a perfeição das virtudes. Tu confirmaste os Apóstolos, fortificaste os Mártires, sustiveste as Virgens, santificaste todos os Justos. Tu alegras os anjos, defendes a Igreja, sulcas o céu de um extremo ao outro e, no tremendo dia do Juízo Final, comparecerás com Jesus para glória dos seus eleitos e confusão eterna dos seus inimigos.

E eu, miserável e pecador, que coisa encontrei sempre que fugi da cruz? Seja qual for o esforço que tenha feito para esquivar-me a ela, sempre encontrei a infelicidade, porque vivo num lugar de exílio e num vale de lágrimas. Se por um lado procuro aliviar o seu peso, por outro caio numa infinidade de outras penas que me entristecem, inquietam, perturbam, abatem e não me deixam esperança alguma. Se a abandono para buscar as doçuras deste mundo, perco a paz do coração, a consolação interior, a sabedoria celeste: o mundo divide-me, angustia-me, arrasta-me consigo. Se fujo dela para seguir as inclinações da carne, encontro-me numa instabilidade contínua e numa contínua agitação. Se a abandono para correr atrás da vaidade, permaneço vazio, esfomeado, sempre ansioso, nunca contente.

Entretanto, os bens a que atribuo tanto valor desfazem-se a cada instante: ora perco a saúde, ora a honra, depois as riquezas, por fim os amigos. Aquilo que desejo nunca chega; e, se por acaso chega, não dura. Não posso contar com a vida, e a morte vem acompanhada de temores e tormentos, pois tudo o que tenho ao meu redor me rói a consciência. A cada passo encontro mil desgostos; e de tantas preocupações inúteis, muitas vezes não sobram senão lágrimas amargas, uma dor que nada é capaz de confortar, uma perda sem reembolso.

Cruz santa, este é o perigo a que me tenho exposto por ter fugido de ti quando tu te apresentavas diante de mim, por não te haver abraçado com todo o meu coração. Santa Cruz, luz do Paraíso, asilo seguro dos aflitos, acolhe-me nos teus braços e faz com que, por meio de ti, eu seja unido Àquele que sobre ti me salvou. Amém.

Quinto mistério da dor:
CRUCIFIXÃO E MORTE DE JESUS
(Mt 27; Mc 15; Lc 23; Jo 19)

I. Jesus tem de sofrer a amargura do fel e é despojado das suas vestes. Chega ao Calvário, dito Gólgota – o que quer dizer «lugar do crânio» –, e não lhe deixam tempo nem para respirar! Preparam precipitadamente tudo o que é necessário para crucificá-lo, porque querem tirar quanto antes do mundo essa vida tão odiada. Ouçamos os gritos, observemos com que raiva o soltam das cordas e lhe arrancam a veste que tinha aderido às chagas, e como mais uma vez se renovam todas as dores do Senhor. Olhemos para esse corpo ensanguentado e esquartejado. Depois, penetremos no seu coração: encontrá-lo-emos debruçado sobre as nossas misérias, ou então fixo no Céu, em súplica pela nossa reconciliação.

Jesus, portanto, mal chega ao Calvário, começa a expiar o pecado dos nossos primeiros pais, que foi a desobediência do fruto proibido. Pelo seu enorme cansaço e pelo grave peso da cruz, está desfeito, e dão-lhe vinho misturado com mirra e fel. O Profeta já havia anunciado esse fel: só essa parte do corpo que é a garganta tinha permanecido intacta, e também nela Cristo quis sofrer por nós. Como é grande, nos nossos dias, o número daqueles cujo Deus é o ventre e que fazem do templo do Espírito Santo o albergue do demônio, perdendo a alma e o corpo para satisfazer os desejos da sua carne! Deveríamos, antes, mostrar obediência também com a nossa garganta, procurando esquivar-nos ao que satisfaz os sentidos e suportando sem reclamar alguma coisa que não nos agrade nas refeições que nos preparam.

Ponhamos diante dos nossos olhos Jesus coberto de sangue, tão lastimavelmente desfigurado, todo chagas. Com o coração angustiado, ergue os olhos ao Céu, deixando correr lágrimas ardentes, e torna a oferecer-se por nós como vítima ao Pai Eterno. *E foi ouvido pela sua piedade* (Heb 5, 7).

Tornam a impor-lhe na cabeça a coroa de espinhos, que lhe haviam tirado, e essa abençoada cabeça torna assim a ser afligida e novo sangue banha a terra. Por que a minha alma, mais dura que a pedra, não se prostra aos pés de Cristo para banhá-los de lágrimas e receber o precioso sangue que escorre de todos os lados? Quantas graças não encontraria ali! Quantas luzes, quantas consolações! Meu Jesus, meu Salvador, deixa-me abraçar estes teus sacrossantos pés. Quero beijá-los antes que sejam cravados na cruz, e quero ser consumido pelo teu amor antes que a morte te arrebate aos meus olhos. Com essas tuas divinas mãos, antes que sejam trespassadas pelos pregos, abraça esta alma pecadora, pela qual sofreste tormentos indizíveis; destrói toda a sua malícia, aperta-a – miserável como é – contra o teu coração, para que nunca mais se separe de ti.

Vejo-te, Senhor, despojado de tudo: das vestes, da companhia dos familiares e dos amigos, da suavidade da tua Mãe, da tua reputação, da tua honra. Cordeiro de Deus, quando me farás a graça de permitir que eu me despoje de tudo o que me separa de ti? O teu Apóstolo Bartolomeu imitou-te a ponto de se desfazer da própria pele[2], e São Pedro quis não só ser crucificado, mas crucificado de cabeça para baixo. Santo Agostinho, para fortalecer o desprendimento daquilo que se tornara para ele ocasião de ofender-te, não recebeu mais nenhuma mulher na sua casa nem voltou a tocar em dinheiro por receio de que a sua alma se lhe pegasse. Outros retiraram-se para o deserto e para os claustros; outros entregaram os seus corpos aos tormentos; e quem vivia no mundo, *dele usava como se não usasse*.

Amor que nos despojas de tudo, Amor que transformas tudo, muda este meu coração, torna-o semelhante ao teu, pobre e desnudo de todas as coisas, desapegado das criaturas e intimamente unido a ti. Crucifica contigo o meu coração e consome-me com o teu amor, minha esperança, meu repouso, minha glória.

Cristo obedece sempre com serenidade e prontidão, considerando os seus carrascos executores da vontade salvífica do seu Pai Eterno, a fim de ensinar-nos a conservar a submissão e a paz interior nos acontecimentos mais desagradáveis e mais penosos da vida. Quando recebemos as

---

(2) Segundo a tradição, o Apóstolo São Bartolomeu morreu esfolado vivo na Armênia (N. do T.).

violências, as injustiças, as traições e os outros sofrimentos como ordenados por Deus, que no-los envia por meio de ministros da sua adorável vontade, tudo isso se torna meio para que nós nos sujeitemos sinceramente a ela. Mas, como a natureza sempre olha com aversão para aquele que a atormenta, o homem crucificado com Jesus Cristo tem de sustentar uma luta contínua no seu íntimo para impedir que o seu coração se revolte contra quem o ofende e atormenta ou se deixe abater pela tristeza.

Nessas ocasiões, deve manter-se unido a Deus, receber com espírito de submissão e de abandono tudo o que lhe acontece, dilatar o coração pela fé e confiar com toda a certeza em que é Jesus quem lhe envia aquela pena, e pensar que não será tentado acima das suas forças, e que essa tribulação acabará um dia e se converterá em eterna alegria (cf. 1 Cor 10, 13 e Jo 16, 20).

Consideremos por fim, com íntima dor, o nosso amável Redentor: quis nascer desnudo, viveu pobre, sofreu sem poder cobrir os seus honestíssimos membros; e nem ao menos teve onde repousar a sua sagrada cabeça. Maria, minha Mãe, a veste inconsútil, tecida pelas tuas mãos, será sorteada aos dados! E quem conseguirá compenetrar-se com a grave dor que oprime nesse momento o teu coração?

II. Jesus é crucificado. A cruz está pronta: é o altar sobre o qual o Cordeiro divino será imolado por nós, o leito nupcial sobre o qual Cristo espera as suas almas eleitas. Por que, meu amado Jesus, não permites que eu seja pregado na cruz por ti? Sou eu, não Tu, quem merece este patíbulo.

Observemos com que mansidão e submissão o Senhor se estende sobre esse leito de dor, não tendo por travesseiro senão os espinhos de que está coroado. Ergue os olhos ao Céu para abrir as suas portas, que até esse momento estavam cerradas; e por ser ao mesmo tempo o Sacerdote que nos reconcilia e a Vítima da nossa reconciliação, oferece-se ao Pai Eterno sem proferir uma só palavra, abrindo os braços com ardente desejo de salvar todos os pecadores. E diz: *Pai é chegada a hora, glorifica o teu Filho* (Jo 17, 1).

O Senhor estende os braços para convidar os pecadores, para abraçá-los e apresentá-los ao seu Pai. Reconduz a Deus os culpados, reúne o Céu à terra, e da humanidade faz uma só família, cujo Pai é Deus. Nunca houve nem nunca haverá um Sacerdote mais aceitável para Deus, nem um altar mais sagrado, nem uma oblação mais perfeita, nem uma vítima mais santa, pois este é o Cordeiro de Deus que tira os pecados do mundo.

Olhemos como lhe tomam as mãos e as perfuram com os grossos cravos que lhe fazem passar entre os tendões, para que possam sustentar melhor o peso do corpo. Os músculos crispam-se por causa da violência da dor. A seguir, os carrascos fazem a mesma coisa com os pés do Salvador, e o seu corpo fica assim todo desconjuntado. No entanto, Ele se cala, não deixa escapar da boca nem ao menos um gemido: mas naquele rosto onde está pintada a mais acerba das dores, descobre-se uma sobre-humana paciência, a mais profunda aceitação, o mais vivo amor.

Sintamos também nós, se pudermos, as suas dores, e, se não pudermos, desejemos ao menos senti-las, e peçamos a Jesus que imprima no nosso coração aquilo que experimenta no seu sacrossanto corpo. Enternece, meu Deus, a dureza do meu coração, para que se torne sensível às tuas dores, ao teu amor e ao ódio pelo pecado que te reduziu a semelhante estado. Não me negues, Senhor, isto que te peço, porque não posso sentir as tuas dores se, pela tua misericórdia, não me concedes Tu mesmo esse sentimento.

O teu coração ardente lança agora um brado ao mundo inteiro: «Vinde a mim, vós todos que sois culpados, e Eu vos perdoarei; vinde a mim, vós todos que estais aflitos, e eu vos consolarei; vinde a mim, a estes braços abertos para vos receber, vós todos que estais angustiados, e Eu vos acolherei. *Aprendei de mim, que sou manso e humilde de coração, e achareis descanso para as vossas almas* (Mt 11, 29)».

Divino Jesus, compassivo Pastor desta alma tresmalhada, venho a ti. Obedeço à tua voz. Sou uma ovelha perdida que retoma ao redil: acolhe-me entre os teus braços. Concede-me esse amor, essa mansidão, essa humildade a que me convidas. Submete-me inteiramente à tua vontade. Imprime na minha alma essas virtudes, para que eu te siga de perto e não me afaste nunca mais de ti. Há muito que me fiz surdo à tua voz, que internamente me incitava a vir a ti: abre hoje os meus ouvidos para que te escute e te siga. E sustenta-me incessantemente com a tua mão onipotente, pois sabes com que facilidade te abandono. Acolhe-me entre aqueles que carregam a cruz atrás de ti e amarra-me a ela, para que dela possa eu tirar frutos de salvação e de amor eterno.

III. Jesus morre. Quando a cruz em que o Salvador estava pregado foi erguida e o seu pé caiu no buraco escavado para ela, quem pode compreender que dores esses movimentos produziram, quantos abalos para um corpo cujos nervos já estavam retesados e cujos membros estavam todos destroncados? Ele mesmo atesta por meio do seu Profeta que se podiam contar todos os seus ossos! *Trespassaram as minhas mãos e os meus pés, posso contar todos os meus ossos* (Sal 21, 17-18).

Gritos ferozes de alegria e de desprezo elevaram-se ao céu àquela visão: os seus inimigos estavam satisfeitos, ao passo que o Salvador, suspenso entre o céu e a terra, estendia os braços para acolher todos os pecadores e dar-lhes em posse o Paraíso, cumprindo assim a sua profecia: *Quando for levantado da terra, atrairei todos a mim* (Jo 12, 32).

Era a hora sexta. Densas trevas cobriram toda a terra; a lua tingiu-se de sangue; os homens estavam em vias de cometer o Deicídio! Blasfemando aos pés da cruz, ultrajavam o Filho de Deus: eram as imprecações de um ladrão, o desprezo dos mais vis soldados e os desafios dos príncipes dos sacerdotes e dos escribas. E o Senhor, que até esse momento havia permanecido em silêncio, abriu a sua santíssima boca para pronunciar a palavra do perdão, não apenas para os seus carrascos, mas para todos aqueles que, pelos seus pecados, eram a causa da sua morte, a fim de que uns e outros não se obstinassem na sua malícia, mas se convertessem. Com amor e com gemidos, dizia: *Pai, perdoa-lhes, porque não sabem o que fazem* (Lc 23, 34).

Que amor! Que misericórdia! Por que não podem os meus olhos tornar-se duas fontes de lágrimas contínuas e o meu coração uma fornalha de amor eterno? Comunica, Senhor, à minha alma a capacidade de sentir as tuas dores. Adoro-te, Filho do Deus vivo, erguido desta forma na cruz, exposto aos olhos do Universo; prostro-me diante de ti, louvo e bendigo-te, amo e agradeço-te, e reconheço em ti o Deus do meu coração e o amor da minha alma. Aqui, debaixo desta cruz, reúnes todos os teus filhos dispersos pelo universo, aqui rasgaste a sentença de morte eterna pronunciada contra o gênero humano; aqui santificas os sofrimentos, aqui te comunicas às almas. Que excesso de amor!

Nasceste no segredo e no silêncio da noite, visitado e adorado apenas por alguns pastores e três Magos; foste reconhecido no Templo apenas por duas almas justas; viveste trinta anos na obscuridade e não passaste senão três no meio dos homens. Depois da tua Ressurreição, manifestaste-te a uns poucos escolhidos, e por pouco tempo e em lugares afastados. Apenas os teus discípulos testemunhariam a tua Ascensão, e de repente uma nuvem esconder-lhes-ia a visão da tua glória. Só ao seres crucificado é que quiseste que fosse em público, ao meio-dia, no tempo da Páscoa (em que judeus de todas as partes acorriam a Jerusalém), no meio de dois ladrões, com os braços abertos e o coração repleto de dor e de amor. *Todo o dia estendi as mãos a um povo desobediente e teimoso* (Rom 10, 21; cf. Is 65, 2). Sê, Senhor, bendito, louvado e glorificado por todas as criaturas.

Chegaste agora, meu Jesus, ao fim da tua vida: a nossa Redenção está completa. *Tudo está consumado*: mas Tu ainda não foste tirado da cruz! Tu não cuidas senão de sofrer e de amar. É o que queres que aprendamos de ti, Modelo de todos os homens: não os milagres, não a glória, mas os sofrimentos e o amor. O único tesouro que nos deixas é a tua divina Mãe. *Mãe, eis os teus filhos; filhos, eis a vossa Mãe...* (cf. Jo 19, 26-27). Bendito sejas! É o teu maior tesouro que nos deixas ao morrer: Maria, a tua própria Mãe.

Senhora, Tu viste as crueldades e as ignomínias a que submeteram o teu Filho; ouviste as marteladas com que perfuraram os pés e as mãos do teu Amado; viste-o pregado à cruz: que fazes agora, Mãe desoladíssima? Estavas lá a meditar aquele excesso de dores, que o teu materno amor te reapresentava todas pela ordem; debilitada pela dolorosa noite passada em claro, pela falta de alimento, pelas lágrimas derramadas; e além disso és mulher, és mãe, Mãe de um Deus, e por conseguinte extremamente sensível. Mesmo sem poderes conter o desmedido sofrimento, não caíste sem sentidos, como teria acontecido com qualquer outra mulher; mas estás de pé, com a alma trespassada por uma dor lancinante, mas identificada em tudo com o querer do Pai.

Depois de teres enxugado as lágrimas, permaneceste algum tempo pálida e tremente, até que, pelas forças secretas que o teu Filho te comunicava, unidas às tuas, te levantaste, abriste caminho entre a multidão, acompanhada de São João e das mulheres que haviam seguido o Senhor desde a Galileia, e chegaste aos pés da cruz. Ali, de pé, com o olhar fixo no Salvador, fizeste o papel de nossa advogada, oferecendo interiormente ao Pai Eterno as dores e o sangue do vosso Filho comum, com o ardente desejo de salvar todos os homens.

Desejavas que o Pai Eterno mitigasse as penas do teu Filho, mas ao mesmo tempo querias que as ordens do Céu se cumprissem em toda a sua extensão.

Filho e Mãe olhavam-se e entendiam-se um ao outro: um era atormentado pelas dores do outro. Só os vossos santíssimos Corações, o do Filho e o da Mãe, podem conceber tudo aquilo que sofrestes; porque a medida da vossa dor era a medida do vosso amor, e para saber quanto sofrestes seria preciso saber quanto amastes. Mas quem poderia sondar as profundezas de tanto amor?!

Mistérios da glória

Primeiro mistério da glória:
A RESSURREIÇÃO DE JESUS
(Mt 28; Mc 10; Jo 26)

I. Consideremos agora como Nicodemos e o nobre e rico José de Arimateia, membros do Conselho dos Judeus, depuseram Jesus, envolto nuns panos brancos de Unho, com os aromas habituais, num sepulcro novo escavado na rocha. Rolaram uma grande pedra sobre a boca do sepulcro e retiraram-se. Mas os príncipes dos sacerdotes e os fariseus, recordando-se da profecia de Jesus de que ao terceiro dia ressuscitaria, obtiveram de Pilatos que o lugar fosse guardado por uns soldados: *Eles foram e puseram guarda ao sepulcro, depois de selarem a pedra* (Mt 27, 66). Senhor, como são curtas as nossas vistas! A prudência humana revela-se nada diante de Deus, e só servirá para a sua própria confusão e a glória dEle.

Jesus, morto na Sexta-feira Santa, ressuscita no terceiro dia por virtude da sua Divindade. A sua alma santíssima, separada do seu corpo, permaneceu sempre unida à

Divindade, e sempre foi a alma de um Deus; e aquele sagrado corpo, embora separado da alma, esteve sempre unido à Divindade, sempre foi o corpo de um Deus, digno também na morte de receber a adoração dos homens e dos anjos.

Cristo desceu ao limbo como Deus e libertador. Não nos custa imaginar que era esperado há muito tempo por aquelas almas santas, algumas das quais, como a de Abel, ansiavam por Ele desde o princípio do mundo. Consideremos com que amor e gratidão os santos do Antigo Testamento, ao verem o Salvador, lhe renderam a sua adoração e ação de graças. Nós deveríamos imitá-los intimamente, no desejo de nos vermos um dia introduzidos no Paraíso pelos méritos do nosso Redentor.

Mal despontava a alva do terceiro dia, Jesus ressurgiu num instante da morte e saiu do túmulo cerrado como saíra do seio imaculado da sua Mãe, e como dentro em pouco entraria no Cenáculo, a portas fechadas. Como Deus onipotente, não quis tornar manifesto o modo da sua ressurreição, mas atuou em segredo. Essa realidade, por pertencer à ordem sobrenatural, devia ser revelada aos homens por meio dos anjos.

E sobreveio um grande terremoto, pois um anjo do Senhor desceu do céu e, aproximando-se, rolou a pedra do sepulcro e sentou-se sobre ela. O seu aspecto era como o de um relâmpago, e a sua veste branca como a neve (Mt 28, 2-3). Bastou um só anjo para aterrorizar todos os soldados que guardavam o sepulcro e lançá-los como mortos por terra, até que todos fugiram.

Que pensariam os sacerdotes, escribas e fariseus ao verem como tremiam aqueles que tinham sido armados para vigiar um homem morto! E como encontram rapidamente uma resposta falaciosa que lhes permita enganar as consciências, ao menos as alheias. A sua reação é a mesma dos nossos incrédulos atuais, que pretendem acalmar a inquietude que os devora pondo Jesus entre os grandes homens, como Buda, Moisés ou Maomé.

No entanto, qual dos heróis da humanidade pôde jamais dizer, enquanto ainda estava vivo: «Ao terceiro dia, ressuscitarei»? Esta portentosa palavra estava reservada ao verdadeiro Filho de Deus: nem a fábula, nem a impiedade, nem os demônios, nem os homens, por mais sublimes e poderosos que tenham sido, puderam imaginar algo de semelhante! Ninguém tocou naqueles soldados, ninguém lhes disse uma só palavra, e eis que são derrotados apenas por aquilo que viram. Se não morreram, se lhes é permitido erguer-se e fugir, é para que os escritas e fariseus ouçam da boca deles mesmos a sua derrota e a sua vergonha, a fim de que se tornem testemunhas irrefragáveis da Ressurreição e todos os homens entendam que, se viram Cristo sofrer os flagelos, os espinhos e a morte, era só porque Ele livremente o quisera. Os dignitários de Israel não eram dignos de compreender o mistério da Ressurreição a partir dos testemunhos preestabelecidos de Deus.

Verdadeiro Filho de Deus, que consolo é este, para mim e para todos nós que cremos firmemente em ti! A tua Ressurreição, meu glorioso Salvador, encheu os teus inimigos de terror: quanto a mim, inspira-me júbilo e suma consolação, porque a tua Ressurreição me permite estar certo da nossa reconciliação com Deus e, portanto, da minha justificação. A tua Ressurreição é modelo da ressurreição das nossas almas para a graça e da ressurreição dos corpos no fim dos tempos. E como Tu, ao ressurgir, tomaste uma vida nova, assim também nós, talvez ressurgidos do pecado para a graça, viveremos uma vida nova. Ajuda-me, Senhor, a vencer os obstáculos que ainda se opõem ao meu avanço. Remove os inimigos da minha salvação, envia-me os teus santos anjos, e inspira Tu somente as minhas decisões até o instante em que te manifestarás a mim na feliz eternidade.

II. Observemos como Maria Madalena sofre por ter de afastar-se do sepulcro do seu amado Mestre. Ao entardecer da sexta-feira, banha aquele túmulo com as suas lágrimas, e junto dele surpreende-a o repouso do sábado. No sábado à tarde, volta ao sepulcro, e não o deixa senão para ir comprar os aromas e retomar no domingo de manhã. Nobre exemplo da verdadeira conversão a Deus! Modelo do coração humano, frágil, sim, mas fortalecido pelo amor de Deus! A verdadeira caridade não se extingue com a morte da pessoa amada, porque *o amor é mais forte do que a morte* (cf. Cant 8, 6).

Ainda é noite e a lua cheia continua a brilhar com luz clara quando Madalena acorda as suas companheiras e lhes pede que se ponham a caminho com ela. Madalena antecipa-se ao dia porque, para ela, as horas escorrem com excessiva lentidão. E eu tenho de considerar no meu interior: quando vou a Jesus Cristo para receber o seu Corpo vivo, por que não tenho os mesmos desejos, a santa impaciência e a pressurosa ansiedade de Madalena pelo corpo de Jesus sepultado? Estou tão longe dEle porque não tenho o amor dela! Que eu imite o fervor de Madalena visitando com frequência o meu Senhor no Santíssimo Sacramento, a fim de desafogar os mais ternos sentimentos de amor e os ardentes desejos de recebê-lo; que o abrace no meu íntimo por meio da Comunhão espiritual com toda a frequência que puder ao longo do dia, ao acordar durante a noite e às primeiras horas da manhã.

Maria Madalena foi ao sepulcro muito de madrugada, quando ainda estava escuro, e viu tirada a pedra do sepulcro... (Jo 20, 1). A primeira coisa que vê é a grande pedra, selada por ordem dos príncipes dos sacerdotes, removida do lugar. Ela avança, olha para dentro do sepulcro e vê que o corpo do Mestre não está mais ali. Que golpe para o seu coração! Sem dúvida, pensa que alguém o tirou durante a noite; mas onde buscá-lo?

III. Consideremos a dor de Madalena ao não encontrar Jesus, e aprendamos qual deve ser a dor de um coração que verdadeiramente quer converter-se a Deus. Ela não se afasta daquele lugar, *mas ficou junto do sepulcro, do lado de fora, chorando. Enquanto chorava, inclinou-se para o sepulcro e viu dois anjos vestidos de branco* (Jo 20, 11-12). Mas não se desconcerta com a imprevista aparição dos dois anjos, nem se deslumbra com a sua beleza ou se exalta com as suas palavras. Vê-os, ouve-os, responde-lhes, mas não lhes fala senão para ter notícias de onde se encontra o Senhor, e está disposta a deixá-los de lado imediatamente para dirigir-se ao «jardineiro», se este puder dar-lhe algum esclarecimento.

Madalena pensa que todos conhecem a causa do seu pranto; confunde o próprio Jesus com o hortelão; oferece-se para ir buscar sozinha o corpo morto do Senhor, como se fosse uma flor. *«Senhor, se foste tu que o levaste, diz-me onde o puseste, e eu irei buscá-lo»* (Jo 20, 15). Como é audaz o verdadeiro amor! Tudo lhe parece fácil: apresentem-se-lhe os piores tormentos, que ele os enfrentará com igual coragem, como se viu em tantos milhões de mártires.

Que fará então Madalena ao ouvir a voz do seu Mestre que a chama pelo nome? Ela, que em momento algum se afastara da cruz do seu Jesus e não queria de forma alguma separar-se do seu túmulo?

Examinemos os efeitos da verdadeira conversão do coração: este, uma vez convertido, torna-se o trono das complacências e das delícias da Santíssima Trindade, o objeto dos seus favores, a admiração dos anjos. Observemo-lo em Madalena. Com que enlevo o Salvador contempla os sentimentos dela, os seus desejos, o seu amor, a sua perseverança e o ardor da sua coragem, disposta a empreender qualquer coisa! O Senhor recompensa o amor das almas que se convertem a Ele cumulando-lhes o coração da mais pura e inefável das alegrias.

Se Jesus visse em mim as generosas disposições de Madalena, que coisas não faria por mim?... Mas acontece o contrário! Para agradar ao mundo e satisfazer as minhas paixões, empreendo coisas superiores às minhas forças; só alego a minha fraqueza e debilidade quando se trata do serviço de Deus e da luta pelo progresso interior! Jesus, reconheço-te como meu verdadeiro Mestre; digna-te Tu reconhecer-me como teu discípulo. Manifesta-te ao meu coração e inflama-o no teu divino amor.

Que é isto que ouço da tua boca, meu Senhor? «*Vai aos meus irmãos*»... (cf. Mt 28, 10). Senhor, tinhas dito que já não os chamarás teus servos, mas teus amigos (cf. Jo 15, 15): e agora os chamas irmãos?... Que caridade ardente a do meu Salvador! Chama irmãos àqueles que, uns poucos dias antes, o tinham abandonado por covardia, deixando-o em poder dos seus inimigos! Meu Benfeitor, não só não te queixas deles, nem os cumulas de censuras, como lhes dás o título afetuoso de irmãos? E referes-te a Pedro em primeiro lugar, para reassegurar-lhe o perdão que já lhe tinhas dado e honrá-lo como cabeça dos Apóstolos!

Amor de Jesus, como és excessivo para com os filhos dos homens, sempre doce, sempre amoroso para com os pecadores! E quem é o pecador, por mais tolo ou endurecido que seja, que não venha lançar-se aos pés do melhor dos pais, sempre benigno e compassivo com os filhos extraviados? Pedro não demorou a receber o perdão da sua culpa porque, assim que caiu a tarde da sexta-feira, arrependeu-se imediatamente e certamente correu a prostrar-se aos pés da Santíssima Virgem, dizendo-lhe com lágrimas amargas: «Perdoa, Senhora, este servo infiel, que por temor humano negou o seu Deus, teu Filho!» E Maria sem dúvida o consolou; e ele já não teve a menor dúvida de que tinha sido perdoado também por Cristo, porque o Senhor nunca se opõe ao que quer a sua Mãe.

Quanto a nós, se por tantas recaídas nossas não temos coragem para recorrer ao Senhor, embora seja tão manso e compassivo, recorramos à sua Mãe, que é a fonte das divinas misericórdias: lancemo-nos aos seus pés cheios de confiança, e Ela nos obterá do seu Filho os meios para sairmos do pecado e a graça de uma conversão sincera.

Maria, Tu foste a primeira a receber de Jesus a consolação de vê-lo ressuscitado, porque Tu, a sua Santíssima Mãe, participaste também mais do que ninguém da sua

Paixão. Foste a primeira a vê-lo em todo o esplendor da sua glória, entre os anjos e as almas dos santos, como tinhas sido a última a deixar a sua cruz, depois de o tomares em teus braços, morto e desfigurado. Ele te agradeceu tudo o que sofreste ao longo de trinta e três anos: pelas duras privações passadas em Belém, pela rejeição por parte dos homens, pela pobreza, pela fuga para um país estranho e pela amarga participação em todas as dores do Calvário, como corredentora do gênero humano. Faz-me participar, Mãe, desta alegria que agora te invade o espírito, e satisfaz o desejo ardente do meu coração: converte todos os homens para Deus, atrai-os todos a ti e imprime neles todas as dores e a Paixão do teu Senhor crucificado. Amém.

Segundo mistério da glória:
A ASCENSÃO DE JESUS AO CÉU (Lc 24; At 1)

I. Consideremos agora que Jesus ressuscitado quis permanecer glorioso sobre a terra durante quarenta dias e mostrar-se de maneira visível aos seus discípulos para confirmá-los na fé na sua verdadeira e real Ressurreição. Mas não quis estar sempre de forma manifesta, para acostumá-los a crer nEle também sem o verem, como nós cremos que está presente enquanto Deus em toda a parte, e como Homem no Santíssimo Sacramento.

Chegou finalmente o tempo prefixado: depois de ter transmitido aos Apóstolos todo o poder e de lhes ter dado o mandamento de instruir e batizar todas as nações, ordenou-lhes que se reunissem no Monte das Oliveiras. *E, comendo com eles, mandou-lhes que não se afastassem de Jerusalém, mas esperassem a promessa do Pai: «Aquela que escutastes de mim: [...] passados não muitos dias, sereis batizados no Espírito Santo. Os reunidos perguntaram-lhe: «Senhor, é agora que vais restabelecer o reino de Israel?» Mas Ele disse-lhes*: «*Não vos compete conhecer os tempos e os momentos que o Pai fixou pelo seu próprio poder; mas recebereis a virtude do Espírito Santo, que descerá sobre vós, e sereis minhas testemunhas em Jerusalém, em toda a Judeia, na Samaria e até os confins da terra*» (At 1, 4-8).

Adoremos o nosso Salvador, que está a ponto de ascender ao Céu: alegremo-nos com Ele pelo seu glorioso triunfo e pelas honras que há de receber do seu Pai celeste e de todos os bem-aventurados. Peçamos-lhe ainda, e com ardor, o espírito de fé. E com este espírito, situemo-nos em Jerusalém: observemos como o Salvador sai dessa cidade tão ingrata e se aproxima do Monte das Oliveiras, acompanhado pela sua santa Mãe, pelos Apóstolos, pelos seus primeiros discípulos e por muitas das santas mulheres: no total, mais de quinhentas pessoas. O Senhor queria tamanha multidão de testemunhas escolhidas para confirmar os homens na fé na sua Ascensão ao Céu, onde seria o nosso Advogado junto do Pai e o nosso sumo Pontífice, sempre compassivo para com as nossas misérias, como tinha sido durante o tempo da sua vida mortal.

Unamo-nos a Maria e, pedindo-lhe que nos permita participar da sua fé, sigamo-la até o Monte das Oliveiras. Ouçamos aqui com profundo respeito e veneração as últimas palavras de Jesus, com as quais repreende os Apóstolos pela sua pouca fé na Ressurreição e na promessa do Espírito Santo. Dirijamos um olhar terno e respeitoso a Jesus que está para ascender ao Céu: os seus olhos, que tinham derramado tantas lágrimas e sobre a cruz estavam mortiços e velados pela agonia, estão agora mais cintilantes do que o sol. A sua venerável cabeça já não está embebida de sangue nem coroada de espinhos, mas nimbada de glória imortal. Todas as chagas que deformavam o seu corpo agora lhe conferem um esplendor divino e, tendo deixado de ser motivo de opróbrio e de infâmia, contribuem para a glória e o esplendor do seu triunfo.

Com Maria e com os Apóstolos, inflamemo-nos de um ardor todo celestial e, sustentados por uma esperança vivificante, olhemos para Jesus que, tornando-se visível a todos, ergue as mãos e os abençoa, e começa a elevar-se suavemente no ar.

II. *Levou-os até perto de Betânia e, levantando as mãos, abençoou-os. E, enquanto os abençoava, afastou-se deles e era elevado ao céu* (Lc 24, 50). Que espetáculo! Que maravilha! Os discípulos nunca tinham visto nada de semelhante. Tinham visto o Senhor caminhar sobre as águas e tinham-no visto aparecer subitamente no meio deles, quando se encontravam a portas fechadas no Cenáculo. Mas aqui Jesus está com eles: eles falam-lhe, Ele fala-lhes, e eleva-se no ar. Eles o olham, mas já não está entre eles: uma branca nuvem o cobriu e o escondeu da sua vista.

Não ignoram para onde o Salvador vai, porque o disse tantas vezes. Volta para o Céu de onde tinha descido; retoma ao Pai que o tinha enviado. Vai para onde os seus discípulos ainda não o podem seguir, mas para onde irão um dia; vai ocupar o lugar que lhe é devido e preparar as moradas que mereceu para eles e para todos nós. Vai sentar-se à direita do Pai e repousar no seu seio, até o momento em que nos chame para permanecermos com Ele. Por que o meu frio coração não se comove com este espetáculo? Que eu o abra à mais firme esperança, que o desprenda para sempre da terra, a fim de que passe a estar sempre fixo no Céu.

Os anjos, os Arcanjos, todas as Potestades celestes vêm receber o seu Rei. Todos os justos mortos desde o princípio do mundo e todos aqueles que ressuscitaram com Cristo unem-se para acompanhar o seu glorioso cortejo triunfal: Adão, Eva, Abel, Matusalém, Jó, Tobias, Abraão, Isaac, Jacó, os santos Profetas com Isaías e Jeremias, os Reis santos com Davi, São José, Santa Ana, São Joaquim, São João Batista, Zacarias e Isabel, os Reis Magos, os santos anciãos Simeão e Ana, o bom Ladrão... A carne tinha sido expulsa do paraíso terrestre, mas agora, na pessoa do Verbo feito carne, eleva-se ao Céu.

Levantai, ó portas, os vossos dintéis, erguei-vos, ó pórticos antigos, para que entre o rei da glória! Quem é este rei da glória? – É o Senhor forte e poderoso (Sal 23,7-8). É o Cordeiro de Deus morto; é o Leão vitorioso, o Leão da tribo de Judá, o Senhor da virtude, o Rei da glória: este é o título com o qual Jesus Cristo vai sentar-se à direita do Pai, e nos faz sentar a todos nós, aqueles a quem libertou; ali espera por todos os que hão de crer nEle e beneficiar-se da sua Redenção. E quantos já estão sentados ali! E com que olhar observam a terra e tudo aquilo que ocupa os homens!

Para o Céu, portanto! Que eu tenha sempre o coração e a mente voltados para o Céu como termo da minha viagem mortal, como lugar do meu repouso. A fé ensina-me que *não temos aqui cidade permanente, mas buscamos a futura* (Heb 13, 14). Que eu me erga, pois, por meio da fé, considerando que a terra não é a minha pátria, e que, como cidadão do Céu, não estou aqui senão de passagem e sempre à espera do meu retorno para lá. Que me empenhe em reavivar em mim a fé nas verdades cristãs que se opõem aos bens passageiros da terra e às vãs miragens deste mundo, que corrompem o coração. A fé é o olho e a razão do cristão, é o fundamento de todo o edifício da nossa salvação eterna: *a garantia dos bens que se esperam* (Heb 11, 1). À fé está prometido como prêmio o paraíso. *Quem crer [...] salvar-se-á, mas quem não crer condenar-se-á* (Mc 16, 16). Pela fé, Cristo mora em nós e nós nEle; pela fé, Cristo opera em nós, e pela fé são-nos comunicados os seus mistérios e a sua Vida.

III. Se eu olhar para a recompensa prometida, considerarei leves todas as fadigas e suportáveis todas as doenças; suportarei a pobreza e a privação das comodidades da vida; tolerarei sem perder a paz as injúrias e as injustiças; fecharei os olhos ao falso esplendor do mundo para que não me abale, tendo sempre presente que toda a ostentação e toda a glória mundanas vão dar nas cinzas do sepulcro. A minha alma, separada do corpo, não levará consigo mais do que as obras que praticou: para sua glória, se forem boas; para sua confusão, se más.

Que eu considere a seguir qual não deve ser a intensidade do afeto de uma alma tocada pelo desejo da vida eterna, para que dirija todo o seu pensamento e toda a sua ação para Jesus Cristo, como fizeram os Apóstolos. Porque eles estavam ainda *com os olhos fixos no céu, enquanto Ele partia, quando dois varões em vestes brancas se puseram diante deles e lhes disseram*: «*Homens da Galileia, por que estais olhando para o céu? Esse Jesus, que dentre vós foi levado ao céu, virá do mesmo modo como o vistes ir para o céu*» (At 1, 10-11). Os Apóstolos, portanto, naquele momento estavam imóveis, insensíveis a tudo o que acontecia sobre a terra, incapazes da menor distração, inflamados de um ardor celeste, sustentados por uma alegre esperança. Embora já não vissem o Senhor, nem por isso deixavam de olhar para o Céu.

E eles, depois de se prostrarem diante dEle, voltaram a Jerusalém com grande alegria, do monte chamado das Oliveiras, que dista da cidade o caminho de um sábado (Lc 24, 52 e At 1, 12). O júbilo espiritual é, portanto, fruto da obediência, que faz a oração seguir-se à ação, e a ação à oração. Os Apóstolos obedeceram às palavras do anjo... E eu obedecerei às autoridades de quem dependo, que fazem as vezes dos anjos junto de mim. Obedecerei aos meus deveres, que são a vontade de Deus para mim; e não temerei deixar o Monte das Oliveiras, isto é, a oração, para voltar à Cidade, isto é, às ocupações ordinárias que Deus exige de mim.

Devo lembrar-me sempre de que Jesus entrou no Céu elevando-se do cume desse Monte das Oliveiras, em cujo sopé tinha dado início à sua Paixão. Aos pés desse monte, tinha-se podido ver o Mestre prostrado, agonizante, depois preso, atado e conduzido como um malfeitor. É, pois, a partir das humilhações e do arrependimento, que me rebaixam diante dos homens, que subirei a esse monte da glória que é o Céu.

Jesus, alegro-me contigo, cheio de gratidão e de amor, pela tua glória e pelo teu triunfo. Recorda-te, porém, meu divino Salvador, de que derramaste todo o teu sangue adorável para me redimir, e de que subiste ao Céu para me preparar um lugar, como Tu mesmo disseste. Torna-me digno de vir a ocupá-lo um dia: sustenta-me com a tua graça, para que eu possa chegar ao teu reino celeste tão desejado. Arma-me com a tua fortaleza, para que eu supere todos os inimigos que querem atravessar-se no meu caminho para ti. Maria, Mãe da bela esperança, toma-me acessível e transitável, com o teu amor e a tua graça, a estrada que deve conduzir-me ao Céu. Amém.

Terceiro mistério da glória:
A VINDA DO ESPÍRITO SANTO (Lc 24; At 1)

I. Antes da sua Ascensão, o Senhor tinha dito aos Apóstolos: *João batizou em água, porém vós, passados não muitos dias, sereis batizados no Espírito Santo* (At 1, 5)... Logo depois da Ascensão, os Apóstolos, tendo voltado para a cidade, *subiram para a sala superior* [do Cenáculo], *onde permaneciam Pedro e João, Tiago e André, Filipe e Tomé, Bartolomeu e Mateus, Tiago filho de Alfeu e Simão o Zelota e Judas, irmão de Tiago. Todos estes perseveravam unânimes na oração, com algumas mulheres, com Maria, a Mãe de Jesus, e com os irmãos deste* (At 1, 13-14).

Entremos também nós no Cenáculo. Maria, a Mãe de Jesus, ora com os Apóstolos e os discípulos, e todos se unem com confiança à oração da Virgem Santíssima para pedir a vinda do Espírito Santo. Que não poderemos esperar também nós das nossas súplicas, se recorremos a uma Advogada tão poderosa? Ela é a Mãe de Jesus; só este título é já um penhor da sua bondade e do seu poder.

Contemplemo-los todos juntos, enquanto oram intimamente com o espírito e o coração e se exprimem com tanto maior força quanto a sua linguagem é formada pelos desejos e pelo amor. Que fé, que respeito, que recolhimento! Estas são as disposições eficazes e necessárias para receber os dons e os frutos do Espírito Santo: o contato com a Santíssima Virgem, Esposa amadíssima do próprio Espírito, e uma oração fervorosa e perseverante, sobretudo se for feita em união de fé e de caridade com todos os membros da Igreja Católica, na qual todos os fiéis formam um só Corpo cuja Cabeça visível é o Sumo Pontífice.

Mãe, Tu que sempre foste Rainha da Igreja e estiveste repleta de todos os dons do Espírito Santo, ensina-me a orar bem: ora Tu mesma por mim, e arranca do mais profundo do meu coração as preces ardentes que conseguem atrair o Espírito Santo. Inspira a minha alma e põe nos meus lábios as orações mais conformes com o teu coração, as que mais te sejam gratas e que sejam plenamente acolhidas pelo Deus de bondade. Espírito de Bondade e de Amor, penetra Tu também no meu coração, e fere-o com o teu fogo divino, a fim de que, conforme o conselho do Salvador, nunca deixe de orar com fé viva, com plena atenção, com profunda humildade, com inalterável confiança, com generosa perseverança, e sobretudo com um amor tão ardente que nada consiga esfriá-lo jamais. Jesus o prometeu: *Pedi e dar-se-vos-á; buscai e achareis; batei e abrir-se--vos-á* (Lc 11, 9).

II. Consideremos que, como os Patriarcas e os Profetas contribuíram para trazer o Verbo divino à terra por meio dos seus gemidos, assim o Espírito Santo quer ser invocado com os desejos. Abramos-lhe, portanto, não apenas a nossa boca, mas todo o nosso coração e toda a nossa alma, para podermos dizer com o salmista: *Abro anelante a boca, num intenso amor da vossa lei* (Sal 118, 131).

Mas o Deus de bondade sempre se antecipa às suas criaturas: *Com um amor eterno te amei* – diz-nos – e, *compadecido de ti*, cansado das tuas misérias, *atraí-te a mim* (cf. Jer 31, 3). E Jesus dizia aos seus Apóstolos: *Quando for levantado da terra, atrairei todos a mim* (Jo 12, 32). Repitamos, pois, com frequência, com a Esposa do Cântico: *Atrai-me, Senhor, para ti, e correremos ao odor dos teus perfumes* (cf. Cant 1, 4).

Contemplemos o que acontece no dia de Pentecostes: *Estavam todos juntos no mesmo lugar. E produziu-se de repente um ruído do céu, como de um vento impetuoso, que encheu toda a casa onde estavam instalados* (At 2, 1-2). Compreendamos que, assim como o vento dissipa as nuvens e purifica o ar, da mesma forma, ao entrar numa alma, o Espírito Santo limpa em primeiro lugar a mente dos maus pensamentos e o coração dos afetos terrenos, dissipa as trevas do intelecto, e a seguir faz a alma reviver com uma vida toda divina. Com o seu sopro, Ele deu vida à humanidade e à Igreja de Deus, e com ele as conservará por todos os séculos.

E apareceram-lhes repartidas línguas como de fogo que pousaram sobre cada um deles. E ficaram todos cheios do Espírito Santo (At 2, 3-4). Devemos ver essas línguas de fogo elevadas, brilhantes, bipartidas, que pousam sobre cada Apóstolo... São expressão do divino Amor: o Espírito desce sob o símbolo das *línguas*. A soberba dos homens foi causa da confusão das línguas na Torre de Babel, que separou uns homens dos outros; a vinda do Espírito Santo trouxe aos Apóstolos o dom de línguas, pelo qual os povos de todas as nações foram reunidos no seio da Igreja Católica, na unidade de uma só Fé e de um só Batismo.

O Espírito Santo é também língua de *fogo* porque é a fonte viva da caridade. Assim como o fogo purifica os metais destruindo aquilo que têm de impuro, assim o Espírito Santo é *fogo ardente* que purifica a alma de toda a sujeira: consome tudo aquilo que se lhe opõe, como o afeto pelos bens caducos, os respeitos humanos, a vaidade e comodidade de vida; e depois eleva ao Céu os afetos do coração e os pensamentos da mente, e solta a língua para que louve a Deus. É um fogo luminoso que ilumina o espírito do homem, tornando-lhe clara a malícia das culpas cometidas e a ingratidão que mostra para com Deus Benfeitor. É um fogo suave que se insinua no coração, penetrando nele e inflamando-o. Enfim, é um fogo que se eleva para o Céu com as suas chamas, fogo de amor: esta é a sua natureza, porque procede do Pai e do Filho por via do amor; por isso gosta de comunicar tudo aquilo que tem, ou seja, aquilo que Ele é, e infunde na alma a caridade e o zelo.

Como é elevada e grande a bondade de Deus! Propaga a sua verdade, a sua Igreja, por meio de doze pescadores da Judeia, considerados rudes e tolos pelo mundo, em comparação com a sabedoria dos gregos e dos romanos! Esses homens toscos, ignorantes e tão covardes que chegaram a abandonar miseravelmente o seu Mestre no momento da Paixão, uma vez inflamados com este fogo divino que o Espírito Santo lhes comunica, passam a confessar em todas as línguas as glórias do nome do Senhor. *E começaram a falar em línguas estranhas, conforme o Espírito Santo lhes dava* (At 2, 4). Pregam Jesus Crucificado em Jerusalém e anunciam o Evangelho a todas as nações da terra.

Estavam em Jerusalém judeus, varões piedosos de todas as nações que há debaixo do céu. E, quando se produziu aquele ruído, juntou-se uma multidão que ficou desconcertada ao ouvi-los falar cada um na sua própria língua (At 2, 5-6). Anunciam ao mundo a grandeza e as maravilhas do Nazareno, combatem como heróis e, impelidos por um zelo ardente, enfrentam os suplícios e expõem-se à morte; e, sofrendo-a, triunfam sobre toda a sabedoria e todo o poder dos homens, a ponto de fazerem tremer os próprios tiranos. Nós, que sabemos imitar tão bem os Apóstolos nas suas fraquezas, pusilanimidades e fugas, não quereremos ao menos imitá-los no recolhimento e na oração incessante? Peçamos, pois, com todo o fervor o Espírito divino, para que venha também sobre nós no dia de hoje, e peçamos-lhe igualmente o espírito de fervor e os frutos do zelo.

III. O fervor, dizem os Santos Padres, é um movimento sobrenatural da alma que tende incessantemente a unir-se com Deus pela via do amor e que supera qualquer obstáculo que torne menos perfeita essa união. É um fogo divino, uma chama toda celeste, saída do Espírito Santo, que gera o zelo, isto é, torna a alma disposta e corajosa para empreender e cumprir tudo aquilo que Deus lhe ordena, apesar de todas as dificuldades. Ao multiplicar os atos de amor, o coração une-se de tal forma a Deus que, tal como o Apóstolo, desafia todas as criaturas que tentam separá-los: *Quem nos separará do amor de Cristo?* (cf. Rom 8, 35). Não a espada, não a fome, não a tirania do reinado das paixões.

Sempre vigilante quanto a si mesma, essa alma corrige todas as suas complacências mundanas: uma palavra indiscreta é suficiente para sentir-se tacitamente repreendida, e não se perdoa nem um simples olhar curioso sobre as criaturas, se não estiver dirigido ao Deus que ama. Queixa-se, com São Paulo, de ainda estar na terra, porque o seu exílio lhe pesa demasiado; mas os seus fervorosos desejos elevam-na incessantemente para o Céu. Quer caminhe, diz São Bernardo, ou mantenha silêncio, trabalhe ou repouse, nunca se afasta da amorosa presença do seu Amado. Quereria que todos ardessem de amor por Ele. Mas sempre benigna, sempre misericordiosa, ora pelos outros, sofre pelos outros.

Mas este espírito de santidade e de pureza não nos santificará se não fizermos tantos sacrifícios quantos são os afetos pecaminosos escondidos no nosso coração. Este coração não pode permanecer vazio: na medida em que se despoja de si mesmo e das criaturas, Deus cumula-o do seu Espírito. Mas, sou tão sensível à menor palavra que me desagrade que perco a paz e me perturbo!; tão pusilânime que não ouso pôr freio às blasfêmias que outros pronunciam ou repreender as zombarias que fazem de Deus, da Virgem, do Papa! Divino Espírito, inflama o meu coração com o teu irresistível amor.

Quantas vezes a tua voz se fez ouvir à minha alma, sem que eu lhe tivesse prestado atenção! Se te tivesse sido fiel, quantos vícios teria extirpado de mim, quantas virtudes teria adquirido, que progressos rápidos teria feito na perfeição no meu estado! Estaria totalmente repleto de ti, meu Deus, e em vez disso encontro-me tão repleto de mim mesmo e de todas as coisas desta miserável terra! Seria plenamente fervoroso com o teu divino amor, e no entanto ainda sou tão indolente que nem ouso dizer que te amo!

Perdoa, divino Espírito, todas as minhas infidelidades passadas, que deploro amargamente. Rompe as minhas cadeias, atrai-me a ti, pois estou decidido a ser-te fiel. Inclina os céus e desce até o meu nada: deixa que uma criatura tão mesquinha te possua. Eu te acolherei com alegria e te guardarei fielmente. Fogo celeste, purifica o meu coração. Santos Apóstolos, rogai por mim, comunicai-me o vosso ardor, a vossa fé viva, o vosso zelo ardente; fazei com que participe dos dons que recebestes do Sumo Espírito de bondade e de amor, para que também eu creia firmemente convosco e trabalhe intensamente por Jesus, e convosco chegue a gozar dEle para sempre no Céu. Amém.

Quarto mistério da glória:
A ASSUNÇÃO DE MARIA AO CÉU

I. Consideremos como também para Nossa Senhora chegou a hora de partir deste vale de trevas. Finalmente, depois de tantos trabalhos, também Ela pôde repetir as palavras do seu amado Filho: *Tudo está consumado* – as profecias, a difusão da Igreja de Cristo, o heroísmo em todas as virtudes. Depois da Ascensão do Senhor, Ela tinha permanecido em Jerusalém com São João Evangelista, com o qual se retirou mais tarde para Éfeso.

Ali a sua vida foi, como sempre, uma vida de amor a Deus, uma oração ininterrupta e um exercício perfeito de todas as virtudes, especialmente de uma ardentíssima caridade para com o próximo. Devia visitar com frequência os lugares santificados pelos mistérios e pela presença do seu divino Filho, e era a Consoladora, a Mestra, a Mãe da Igreja nascente.

Chegou, pois, o momento, tão desejado por Ela, de reunir-se para sempre com o Sumo Bem. O seu espírito exultou no amor e no desejo do seu Senhor, oferecendo-se de todo o coração para retornar felizmente ao seu princípio. Que diferença comigo! Atado à miséria desta terra, por que não aspiro à minha pátria bem-aventurada? Por que temo tanto sair desta vida? Que eu peça a Maria que me obtenha o desprendimento da terra e o desejo dos bens eternos, e me prepare com o ardor dos seus santos exemplos para a minha passagem!

Como a Bem-aventurada Virgem certamente deu a saber a João que estava para deixar esta vida, o Apóstolo terá podido avisar os parentes, os discípulos e os conhecidos, e estes ter-se-ão reunido ao redor da Mãe de Deus, para vê-la mais uma vez, comunicar-lhe o seu afeto, ouvir as suas últimas recordações, recomendar-se às suas orações. Da mesma forma – como afirma o pseudo-Dionísio Areopagita –, em breve chegaram também, avisados por disposição divina, os Apóstolos que estavam naquele tempo dispersos pelo mundo a pregar a fé de Jesus Cristo.

Todos choravam a iminente perda de uma Mãe tão benigna e de uma Advogada e Mestra tão poderosa, mas – escreve São João Damasceno – a Santíssima Virgem consolava-os a todos com amor dulcíssimo, prometendo-lhes a sua ajuda e intercessão. Aproximemo-nos também nós desta benigníssima Senhora e exponhamos-lhe as nossas necessidades. Peçamos-lhe que nos socorra e, pelos méritos daqueles santos discípulos, roguemos-lhe que nos obtenha todas as graças que desejamos. Confiemos e não duvidemos de que a nossa Mãe nos ouve.

Mas empenhemo-nos com todas as nossas forças em amar o próximo e em trabalhar pela salvação das almas, ajudando-as com o bom exemplo, com as oportunas advertências, com a paciência, com a caridade, e orando a Deus por todo o mundo. Se fizermos este obséquio a Maria, tenhamos por certo que Ela nos será sempre propícia. Minha amada Mãe, tivesse também eu tido a sorte de encontrar-me presente por ocasião da tua feliz passagem! Tivesse eu podido beijar os teus sagrados pés e recomendar-me à tua proteção! Mas como não tive a felicidade de suplicar-te então, recomendo-me agora a ti, gloriosa e imortal Senhora, prostrado diante do trono da tua Majestade. Digna-te, por piedade, vir ao meu encontro por ocasião da minha morte e assistir-me, por amor da hora do teu trânsito e do teu triunfo, naquela hora tremenda da qual depende a minha eternidade.

II. Consideremos agora que, chegado o momento da passagem de Nossa Senhora, o seu divino Filho terá descido do Céu acompanhado por um imenso exército de serafins. Pensemos que lhe terá sussurrado as palavras do Cântico: «*Levanta-te, minha amiga, vem, formosa minha. Eis que o inverno passou...* (Cant 2, 10). Deixa este vale de lágrimas onde sofreste tanto por amor de mim. *Em nossas terras já se ouve a voz da rola* (cf. Cant 2, 12), isto é, do teu coração anelante».

Maria exultou de júbilo com essa presença e o seu espírito alegrou-se no seu divino Filho. E, recebida a Santíssima Eucaristia das mãos do próprio Jesus, como sugere São João Damasceno, toda repleta de alegria, terá dito: «Eis a serva do Senhor, faça-se em mim, novamente, segundo a tua palavra. Em tuas mãos, meu Filho, entrego o meu espírito (cf. Lc 1, 28 e 23, 46). Recebe esta alma que criaste à tua imagem e preservaste do pecado».

E agora, olhemos: Nossa Senhora sobe para o Céu. Voltada para os presentes, dá-lhes ainda a sua bênção maternal; aproximemo-nos também nós dos seus pés e peçamos-lhe que nos abençoe também a nós. Minha Mãe – digamos-lhe – alegro-me contigo por tanta ventura e felicidade, pela tua extraordinária glória e grandeza. Bem mereceste, Senhora, ser tão altamente amada e glorificada por Deus, pois não pensaste em outra coisa na vida senão em amá-lo e glorificá-lo.

Por minha vez, não me afastarei daqui se Tu não me abençoares, pois a bênção é a última recordação da mãe quando esta tem que deixar os filhos órfãos e desconsolados. Recomenda-me ao teu Filho e tem piedade das minhas misérias. Basta um olhar amoroso da tua parte, uma recomendação benigna, uma palavra para obter-me todo o bem. Tem piedade da minha vida e não te esqueças de mim na hora da minha morte, antes acorre em minha ajuda e socorre-me na minha agonia.

Se queremos experimentar na morte que Maria é Mãe do amor, sejamos em vida filhos fiéis do seu amor. E se desejamos ter na morte a assistência de Jesus, não separemos dEle o nosso coração. Como serei feliz se amar Jesus e Maria ao longo de toda a minha vida! Como serei bem-aventurado se morrer entre os braços de Jesus e de Maria! Prometo-te, meu Deus, não amar mais ninguém senão a ti, não pensar em mais ninguém senão em ti. Deixo nas tuas mãos, Senhora, a travessia da minha alma.

Uma música suave ressoou pelos ares; eram os anjos que cantavam: «Maria subiu aos céus entre a alegria dos anjos, que bendizem o Senhor por ter glorificado a sua Rainha. Abri-vos, ó portas eternas: entra o Rei da glória e conduz consigo a sua Amada e a nossa Rainha». Outros diziam: «Quem é esta que sobe do Líbano apoiada no seu Bem-amado?, como uma Aurora que surge, bela como a Lua, refulgente como o Sol? Ela é como um Aroma que exala o odor de todas as virtudes; é como uma Oliveira majestosa, resplendente de graça e de beleza» (cf. Cant 8, 5; 6, 10; Os 14, 7).

A Santíssima Virgem, por estar isenta do pecado original e de qualquer sombra de culpa atual não perdeu nunca a sua beleza, e o Senhor quis que subisse aos céus, não por virtude própria, como Jesus Cristo, mas por virtude de Deus. A glorificação antecipada do corpo foi o selo que rematou os privilégios da Mãe de Deus e a sua Imaculada Conceição. Ela fora concebida no sangue de Adão, mas, por graça especialíssima, sem que tivesse a menor sombra do pecado original: era toda pura, toda bela e imaculada; tomou-se Mãe permanecendo Virgem perfeita, privilégio único não concedido a nenhuma outra criatura. Nada mais justo, portanto, que fosse antecipada a glorificação daquele corpo imaculado, templo vivo do Espírito Santo.

III. A luz não pode ser separada do sol. A alma de Maria, rica de graça desde o primeiro momento da sua criação, era Luz; e o corpo imaculado, onde o Espírito Santo tinha formado a humanidade assumida pelo Verbo, era Sol. A Sagrada Escritura chama à Virgem *refulgente como o Sol* porque foi privilegiada sobre todas as criaturas. E como o Sol, no ocaso, deixa no ar uma grande luz de ouro, assim Maria, no ocaso da sua viagem mortal, deixou-nos a luz dos seus exemplos em todas as virtudes teologais e cardeais, e especialmente na sua quádrupla pureza:

1º *Pureza do corpo*, pelo qual se fez Mãe de Deus.

2º *Pureza do coração*, que fazia as delícias do Espírito Santo em todos os seus afetos castíssimos.

3º *Pureza da fé*, que conservou intacta e viva no seu Deus, fazendo-se assim Mestra dos Apóstolos, Auxílio dos Cristãos e Sede da Sabedoria.

4º *Pureza de intenção*, pois dirigia tudo para Deus e recebia tudo das suas mãos, como serva fiel: as alegrias e as dores, as humilhações e os triunfos; por isso Ela é comparada ao cedro do Líbano e ao cipreste do monte Sião, cujos fustes apontam retos para o céu, e à palmeira de Cades.

A pureza não diz respeito apenas ao corpo – neste caso, é chamada castidade –, mas é o complexo de todas as virtudes, que exclui todo o vício; e neste caso é mais propriamente da alma, como diz o Salmista: *Senhor, quem há de morar no vosso tabernáculo? Quem habitará na vossa montanha santa? Aquele que vive na inocência e pratica a justiça, aquele que pensa o que é reto no seu coração* (Sal 14, 1-2). Da mesma forma, a bênção de Deus é prometida a quem conservar pura a consciência: *Quem será digno de subir ao monte do Senhor? Ou de permanecer no seu lugar santo? Aquele que tem as mãos limpas e o coração puro, cujo espírito não busca as vaidades nem perjura para enganar o próximo, Este terá a bênção do Senhor e a recompensa de Deus, seu Salvador* (Sal 23, 3-5).

Toda a glória de Maria, portanto, procedia da sua Imaculada Conceição, do privilégio de ter sido, desde o primeiro momento, superior aos próprios anjos. Desde aquele momento, Deus aguardava a nossa época, quando, ao cabo de dezenove séculos, viria a ser definido o dogma da Imaculada Conceição. Santa e imaculada Virgindade de Maria, exclamarei portanto com a Igreja, não sei mais com que palavras louvar-te! Minha dulcíssima Senhora, já deixaste a terra e foste para o teu reino, onde te sentas como Rainha acima de todos os coros dos anjos. Congratulo-me contigo pelo privilégio tão alto da tua Assunção ao Céu.

Lembra-te, porém, de que foi por nós, pecadores, que foste elevada a tão alta dignidade e glória; porque não diminuiu, antes cresceu em ti a compaixão por nós, pobres filhos de Adão. Do alto trono onde reinas, volta também para mim os teus olhos piedosos e tem piedade de mim. Olha-me e socorre-me. Olha que tempestades e perigos ainda terei de enfrentar enquanto não chegar ao fim da minha vida. Pelos méritos da tua bem-aventurada morte, pede para mim o amor à perfeição e a pureza da fé, a pureza da consciência, a pureza do coração e a pureza das intenções, para sair desta vida na graça de Deus; e que no dia do Senhor possa também o meu corpo ressurgir glorioso e assim ir beijar-te os pés no paraíso, unindo-me aos espíritos bem-aventurados para louvar-te e cantar as tuas glórias, como mereces. Amém.

Quinto mistério da glória: A COROAÇÃO DE MARIA SANTÍSSIMA E A GLÓRIA DE TODOS OS SANTOS

I. Não é dado nem à língua dos homens nem à dos anjos, diz Santo Epifânio, descrever a honra e o triunfo com que Nossa Senhora foi acolhida no Céu na sua gloriosa Assunção. Só se pode dizer isto: que não houve nem haverá nunca glória e triunfo maiores depois das do seu Filho. Não há mente criada, diz também São Bernardo, que consiga compreender com quanta glória a Santíssima Virgem entrou no Céu, com quanta devoção foi recebida por todos os coros dos anjos, com quanto prazer e agrado foi acolhida e abraçada pelo seu divino Filho.

Consideremos também como os anjos anelavam, uma vez realizada a Redenção, ter no Céu em corpo e alma o Deus-Homem e a sua Mãe. Cumpriu-se enfim o desejo dos cidadãos do Céu. E se o Senhor quis que a Arca da Aliança do Antigo Testamento fosse introduzida na cidade de Davi com grande glória, certamente ordenou que a sua Mãe entrasse no Céu com um triunfo muito mais nobre e glorioso. O mesmo Rei do Céu – diz São Bernardino de Sena – foi ao seu encontro com toda a corte celeste. Consideremos como a convidou, radiante de alegria e de esplendor, dizendo-lhe: «*Vem comigo do Líbano, minha esposa, vem comigo do Líbano!*» (Cant 4, 8).

E Maria, mais graciosa do que todas as criaturas juntas, já se eleva da terra, já passa as esferas e chega diante do trono da Santíssima Trindade. E os anjos no Céu, ao vê-la tão bela e gloriosa, perguntam: «Quem é esta criatura que sobe do deserto da terra, lugar de espinhos e tribulações, tão pura e tão rica de virtudes, apoiada no seu amado Senhor? Quem é?» E respondem os anjos que a acompanham: «Esta é a Mãe do nosso Rei, é a nossa Rainha, a bendita entre as mulheres, a cheia de graça, a santa dos santos, a amada de Deus, a Imaculada, a mais bela de todas as criaturas».

Ouçamos também o cântico de todos os bem-aventurados espíritos que a louvam: «*Tu és a glória de Jerusalém, tu és a alegria de Israel, tu és a honra do nosso povo*» (Jdt 15, 10). Afirma São Bernardo que, tal como na terra não houve lugar nem templo mais digno de Deus que o seio virginal de Maria, assim no Céu não há trono mais excelso que o trono real sobre o qual Ela foi colocada pelo seu Filho. Ele a pôs à sua direita, acima de todos os coros dos anjos, a fazer como um coro à parte com a sua Humanidade, associando-a a si como sua Mãe, como Esposa, como Corredentora, como Cooperadora na Redenção do mundo e como Rainha do universo.

Virgem gloriosa e bendita, alegro-me e regozijo-me contigo pela grande glória de que gozas no paraíso, sentada à direita do teu Filho e constituída Rainha dos céus e da terra. Minha amada Virgem, que o Universo inteiro te reconheça como sua Mãe e Rainha, crendo no teu divino Filho e na verdadeira Igreja; que se alegre e exulte por ter em ti, junto de Deus, uma Mãe tão amorosa e uma Rainha tão grande, tão amável e tão poderosa.

II. Consideremos agora como a Santíssima Trindade coroa Nossa Senhora com preciosíssimas coroas.

O Pai Eterno põe-lhe sobre a cabeça a coroa do Poder, concedendo-lhe, logo depois de Jesus Cristo, o domínio sobre todas as criaturas do Céu, da terra e do inferno, de forma que os espíritos das trevas tremam ao ouvir o seu nome. A Ela, portanto, podem aplicar-se as palavras do Salmista: *De honra e glória a coroastes, destes-lhe poder sobre a obra das vossas mãos* (cf. Sal 8, 6-7).

O Filho cinge-lhe a fronte com a coroa da Sabedoria, como Rainha do Céu, dos anjos e dos homens resgatados no seu sangue, cujo fruto depõe por inteiro nas mãos dEla; e, como Rainha de clemência, entrega-lhe as chaves da divina misericórdia.

O Espírito Santo adorna-a com a coroa da Caridade, infundindo-lhe, como Mãe do Amor formoso, não apenas o amor a Deus, mas o amor inflamadíssimo pelo próximo, com um zelo ardente pelo seu bem e pela sua salvação. Ei-la tomada assim o assombro e a admiração das hierarquias angélicas.

Além destas, a Virgem Santíssima foi também coroada com as auréolas da virgindade, do martírio e do doutorado, porque foi Virgem das virgens, mártir da Paixão do seu divino Filho e mestra da nossa religião, ensinando os mistérios da fé aos próprios mestres.

Por fim, a Senhora foi coroada com a coroa de doze estrelas, como se afirma no Apocalipse: *Uma mulher revestida do sol, com a lua debaixo dos pés, e sobre a cabeça uma coroa de doze estrelas* (Apoc 12, 1). Porque, como nEla se reuniram as grandezas e as virtudes de todas as ordens dos santos que estão no Céu, foi coroada com todos os seus méritos, representados pelas doze estrelas. Nela resplendem em grau sumo a fé e a esperança dos Patriarcas, a luz e a contemplação dos Profetas, a caridade e o zelo dos Apóstolos, a fortaleza e a magnanimidade dos Mártires, a paciência e a penitência dos Confessores[1], a sabedoria e a prudência dos Doutores, a santidade e a pureza dos Sacerdotes, o recolhimento e a oração dos Eremitas, a pobreza e a obediência dos Monges, a caridade e a pureza das Virgens, a humildade e a paciência das Viúvas, com a fidelidade e concórdia de todos os santos reunidos. E por eles é reconhecida como Rainha.

A majestosa Virgem toma lugar à direita do seu Filho e parece dizer a todas as gerações: «O Senhor olhou para a humildade da sua serva e quis fazer resplandecer em mim as riquezas da sua graça. Vinde a mim, pois,

---

(1) Desde os primeiros séculos do cristianismo, chamavam-se – e chamam--se – «confessores» os cristãos que, convidados a renegar a sua fé durante uma perseguição, se recusaram a fazê-lo e mantiveram a «confissão» da sua fé mesmo ao preço de enormes torturas e sofrimentos, embora não tenham dado a vida, isto é, sofrido o martírio.

vós todos que estais oprimidos e angustiados no vale de lágrimas e de dor, e Eu vos aliviarei, porque Deus me fez causa da vossa alegria».

Sim, Mãe adorada, aceitarei o teu convite: estou oprimido pelo peso das minhas culpas, estou prostrado sob o peso das cadeias do pecado. Mas é grande a minha esperança, ó Rainha, de que Tu me libertarás! Minha Mãe assunta ao Céu, reinando em corpo e alma na felicidade da glória, creio que é assim, reverencio-te e amo-te. Manda a tua luz iluminar as trevas do meu espírito, que está como que sepultado na escuridão de uma noite amarga. Faz com que os raios inflamados do teu santo amor penetrem neste meu tíbio coração, para fazê-lo arder de virtude, zelo e fervor. Não permitas, Mãe divina, que esta minha alma morra nas trevas. Bem mereceria eu pelos meus pecados toda a desgraça e castigo: mas que a tua bondade, interpondo os teus próprios méritos junto de Jesus, afaste de mim os castigos merecidos e me obtenha os favores não merecidos.

III. Observemos agora que vêm saudá-la como Rainha de todos os santos do paraíso, de Adão e Eva aos Patriarcas Noé, Abraão, Jacó, aos Profetas e às santas Virgens. *Ao vê-la, proclamam-na bem-aventurada as donzelas; rainhas e esposas a louvam* (Cant 6, 9). Aproximam-se também os Mártires e os Confessores, os seus parentes Isabel, Zacarias e João Batista, os seus queridos pais Joaquim e Ana, o seu castíssimo esposo José. E quem poderá descrever a alegria de todos eles, e as suas palavras de júbilo ou de consolação? Unamo-nos também nós aos coros bem-aventurados, unamos a nossa voz à deles, exclamando com eles: «Ave, Rainha dos Céus; ave, Senhora dos anjos. Alegra-te, Virgem gloriosa, bela entre todas as mulheres; salve, toda santa, ora por nós a Cristo Senhor».

Se a mente humana não consegue chegar a compreender a imensa glória que Deus tem preparada no Céu para aqueles que o amam (cf. 1 Cor 2, 9), quem jamais conseguirá compreender – escreve São Bernardo – a glória que Ele preparou para a sua amada Mãe, que na terra o amou mais do que todos os homens e todos os anjos juntos?

Por fim, agrada a Maria que contemplemos, neste último mistério, não apenas a sua glória, mas também a de todos os anjos e santos, pois é a glória dos seus súditos e redunda também em honra dEla. Esta contemplação anima-nos, além disso, a fazer o mesmo que os santos fizeram para conquistar a felicidade eterna.

Consideremos, portanto, que Maria nos convida a ir até o Céu para contemplar a glória dos santos juntamente com a dEla, a mesma glória que está preparada também para nós, a fim de que nos tornemos fortes para empreender o caminho da virtude e nele continuar com perseverança, pois assim a nossa Mãe nos terá sempre consigo no seu bem-aventurado reino. Voltemos, pois, o olhar para o paraíso, e a visão de tantos santos – que, fracos como nós, tentados como nós, chegaram à felicidade sempiterna com a graça do Senhor e pela intercessão da Santíssima Virgem – nos sirva de estímulo e reconforto.

Decidamos, pois, fazer tudo e não omitir nada de quanto possa conduzir-nos a obter esse bem infinito, viver e reinar com Jesus e Maria por toda a eternidade. Se nos faltam virtudes, peçamo-las a Nossa Senhora neste dia do seu glorioso triunfo; e peçamos-lhe sobretudo perseverança no amor por Ela, que é penhor seguro da predestinação à glória. Lembremo-nos do que diz Santo Afonso Maria de Ligório: «Quem é perseverante na devoção a Maria, especialmente no seu Rosário, conseguirá a perseverança final». Porque, como ensina Santo Agostinho, a perseverança final não é virtude que se conquista, mas dom que nos é infundido como prémio à oração assídua; e que oração pode ter maior eficácia do que a que Maria dirige ao seu Filho por nós?

Grande e gloriosíssima Senhora, prostrado aos pés do teu trono, venero-te desde já. Agora que já és Rainha dos céus e da terra, não te esqueças de mim, teu pobre servo. Quanto mais próxima estás da fonte de toda a graça, tanto mais podes obter-me da sua água. Do Céu podes perscrutar melhor as minhas misérias, e por isso podes ter mais piedade de mim. Faz com que eu seja teu servo fiel na terra, para que chegue a bendizer-te no paraíso. Neste dia em que te contemplo como Rainha do universo, consagro-me ao teu serviço. No meio de tanta alegria, consola-me também a mim aceitando-me como teu filho. Tu és a minha Mãe, e como tal deves salvar-me. Dá-me amor por ti e perene devoção ao teu Santo Rosário; e obtém-me a perseverança final.

Alegro-me igualmente convosco, espíritos bem-aventurados e santos todos do paraíso, pela glória e felicidade inefáveis de que gozais em Deus e com Deus. Também eu estou destinado a essa mesma glória feliz, mas nunca poderei chegar a ela senão com as vossas virtudes. Vós, portanto, Anjos, Patriarcas, Profetas, Apóstolos, Mártires, Confessores, Virgens e santos todos, rogai por mim à vossa Rainha, para que, graças à sua mediação, eu chegue a tornar-me digno de ser admitido um dia convosco a contemplar o meu Deus e a glorificá-lo e bendizê-lo convosco por todos os séculos. Amém.

Apêndice
COMO REZAR O TERÇO

Modo de rezar sugerido pelo Papa João Paulo II

Em vários momentos da sua Carta sobre o Rosário, *o Papa João Paulo II faz sugestões sobre o modo de rezar o terço, insistindo, porém, em que se trata de «sugestões», não da imposição de um método único de rezá-lo. É lógico, portanto, que o Rosário não tenha que ser rezado de forma absolutamente idêntica por todos e em toda a parte.*

Por outro lado, se não houvesse uma certa semelhança no modo de rezá-lo, tornar-se-ia difícil a recitação conjunta com pessoas de outras comunidades, ou em outros lugares. Assim, o tempo e os costumes irão dizendo qual a forma mais aceita de rezá-lo, respeitando as particularidades de cada pessoa ou das diferentes tradições.

Procuremos comentar passo a passo essas sugestões do Papa, sabendo que cada um tirará delas o que julgar proveitoso para a sua vida cristã e a sua devoção mariana.

1) Começo. «*São vários os modos de introduzir o Rosário*», *diz o Papa na sua carta. E cita dois modos comuns em certas regiões*:

a) o Salmo 69 (70): RA: «Vinde, ó Deus, em meu auxílio». R/.: «Socorrei-me sem demora» (*este é o modo como se reza esse Salmo na Liturgia das Horas, para a introdução das diversas Horas*);

b) a recitação do Creio em Deus Pai, *iniciando-se o terço com a profissão de fé.*

2) Os mistérios. *Com a nova sugestão do Papa, o Rosário agora está composto de vinte mistérios. É tradicional rezar diariamente uma parte do Rosário, em geral cinco mistérios, que perfaziam «um terço» do Rosário e agora passam a ser um quarto do total. A distribuição desses mistérios ao longo da semana, segundo a Carta* Rosarium Virginis Mariae, *poderia ser a seguinte*:

Domingo	Mistérios da glória (ou gloriosos)
Segunda-feira	Mistérios da alegria (ou gozosos)
Terça-feira	Mistérios da dor (ou dolorosos)
Quarta-feira	Mistérios da glória
Quinta-feira	Mistérios da luz (ou luminosos)
Sexta-feira	Mistérios da dor
Sábado	Mistérios da alegria

3) Enunciação do mistério. *Trata-se de dizer o nome do mistério (por exemplo, «Primeiro mistério luminoso: O batismo do Senhor»), o que é «como abrir um cenário» (n. 29) que ajuda a focalizar a atenção e orientar a imaginação para a cena a ser contemplada.*

4) Escuta da Palavra de Deus. *Diz o Santo Padre que «é útil que a enunciação do mistério seja acompanhada da proclamação de uma passagem bíblica alusiva» (n. 30). A extensão dessa passagem bíblica pode ser variada (neste caderno, logo após o título dos mistérios, indicam-se as passagens em que a cena correspondente é narrada na Sagrada Escritura); em muitas ocasiões, bastará mencionar uma frase. A título de sugestão apontamos algumas passagens breves:*

a) Para os mistérios da alegria:

1º Anunciação – «*Eis a escrava do Senhor; faça-se em mim segundo a tua palavra*» (Lc 1, 38).

2º Visitação – «*Bendita és tu entre as mulheres e bendito o fruto do teu ventre!*» (Lc 1, 42).

3º Nascimento – *Ela deu à luz o seu filho primogênito, e envolveu-o em panos e reclinou-o numa manjedoura* (Lc 2, 7).

4º Purificação – «*Os meus olhos viram o Salvador!*» (Lc 2, 28).

5º O Menino perdido no Templo – «*Não sabíeis que devo ocupar-me das coisas de meu Pai?*» (Lc 2, 49).

b) Para os mistérios da luz:

1º Batismo – «*Este é o meu filho muito amado, em quem pus a minha complacência*» (Mt 3, 17).

2º Bodas de Caná – «*Fazei o que Ele vos disser*» (Jo 2, 5).

3º Anúncio do Reino – «*Convertei-vos e crede no Evangelho*» (Mc 1, 15).

4º Transfiguração – «*Este é o meu Filho amado, escutai-o*» (Lc 9, 35).

5º Instituição da Eucaristia – «*Este é o meu corpo, que é entregue por vós*» (Lc 22, 19).

c) Para os mistérios da dor:

1º Oração no Horto – «*Pai, se quiseres, afasta de mim este cálice; mas não se faça a minha vontade, e sim a tua*» (Lc 22, 42).

2º Flagelação – *Então Pilatos tomou Jesus e mandou flagelá-lo* (Jo 19, 1).

3º Coroação de espinhos – «*Tu o dizes, Eu sou rei*». [...] *E os soldados, tecendo uma coroa de espinhos, puseram-lha na cabeça* (Jo 18, 37; 19, 2).

4º A cruz às costas – *E, carregando a sua cruz, saiu para o lugar chamado Calvário* (Jo 19, 17).

5º Morte de Cristo da Cruz – *E, clamando com alta voz, Jesus disse*: «*Pai, nas tuas mãos entrego o meu espírito*» (Lc 23, 45).

d) Para os mistérios da glória:

1º Ressurreição – «*Não está aqui, ressuscitou conforme tinha dito*» (Mt 28, 6).

2º Ascensão – *À vista deles foi elevado, e uma nuvem ocultou-o aos seus olhos* (At 1, 9).

3º Vinda do Espírito Santo – *E ficaram todos cheios do Espírito Santo* (At 2, 4).

4º Assunção de Nossa Senhora – *Quem é esta que surge como a aurora, bela como a Lua, refulgente como o Sol?* (Cant 6, 10).

5º Coroação de Maria Santíssima – *Apareceu no céu um grande sinal: uma mulher revestida do sol, com a lua debaixo dos pés, e uma coroa de doze estrelas sobre a cabeça* (Apoc 12, 1).

5. Silêncio. «*Após a enunciação do mistério e a proclamação da Palavra, é conveniente parar durante um período de tempo adequado, fixando o olhar sobre o mistério que se vai meditar, antes de começar a oração vocal. A redescoberta do valor do silêncio é um dos segredos para a prática da contemplação e da meditação*» (*n. 31*). Na oração pessoal diária do Rosário, podem bastar uns poucos segundos de silêncio, para enriquecê-lo bastante.

6. Pai-nosso. «*Jesus leva-nos sempre até o Pai [...] para dizermos com Ele: "Abbá, Pai"*» (*n. 32*). Recordando que Deus é Pai de todos nós, aproximamo-nos dos outros – e especialmente de Maria, que também é Filha de Deus Pai – como irmãos nossos.

7. Dez Ave-Marias. «*A repetição da Ave-Maria no Rosário [....] é júbilo, admiração, reconhecimento do maior milagre da história. É o cumprimento da profecia de Maria: "Desde agora, todas as gerações me chamarão bem-aventurada"*» (*n. 33*). A primeira parte da Ave-Maria é tirada das palavras do Anjo Gabriel e de Santa Isabel dirigidas a Nossa Senhora. No centro dessa oração, está o nome de Jesus. Na segunda parte, dirigimo-nos a Ela «confiando à sua materna intercessão a nossa vida e a hora da nossa morte».

8. Glória *É oração de louvor à Trindade, meta da contemplação cristã. Quando o terço ou o Rosário é recitado publicamente, pode ser cantado.*

9. Jaculatória final. *É uma oração breve que se pode rezar «para obter os frutos específicos do mistério» (n. 35). Esta jaculatória pode gozar de «uma legítima variedade na sua inspiração»; portanto, pode ser fruto da iniciativa pessoal. Sugerimos algumas propostas, às quais se poderiam acrescentar muitas outras*:

a) V./ Ó Maria, concebida sem pecado. R./ Rogai por nós, que recorremos a vós.

b) V./ Ó meu Jesus, perdoai-nos, livrai-nos do fogo do inferno. R./ Levai as almas todas para o Céu e socorrei principalmente as que mais precisarem.

c) Doce Coração de Maria, sede a minha salvação.

d) Coração dulcíssimo de Maria, preparai-nos um caminho seguro.

e) Mostra-nos que és Mãe.

10. Salve Rainha *e/ou* Ladainha Lauretana. *É uma forma de louvor a Nossa Senhora tradicional na piedade cristã*[1].

11. Oração pelas intenções do Papa. *«A oração termina com a oração pelas intenções do Papa para estender o olhar de quem reza ao amplo horizonte das necessidades eclesiais» (n. 37). Pode ser, por exemplo, um Pai-nosso, uma Ave-Maria e um Glória por esta intenção,*

---

(1) A ladainha completa pode ser encontrada em *Orações do cristão*, 10ª ed., Quadrante, São Paulo, 2015.

ou alguma jaculatória, como «Todos com Pedro, a Jesus, por Maria».

Em resumo:

Começo	*Sal 69/70* ou *Creio em Deus Pai*
Os cinco mistérios	Enunciação do mistério Escuta da palavra de Deus Silêncio *Pai-nosso* Dez *Ave-Marias* *Glória* Jaculatória final
Conclusão	*Salve Rainha* e/ou *Ladainha* *Oração pelas intenções do Papa*

ESTE LIVRO ACABOU DE SE IMPRIMIR
A 13 DE MAIO DE 2022,
EM PAPEL OFFSET 75 g/m².